U0923699

旅游科研立项成果汇编

（2017—2018）

中 国 旅 游 研 究 院

中国旅游出版社

编写说明

2017 年旅游科研立项课题指南共发布 21 项课题，其中 1 项为重点项目。当年度立项 21 项。其中，重点项目 1 项，面上项目 20 项。

2018 年旅游科研立项课题指南共发布 35 项课题，其中 2 项为重点项目。课题指南包括六个研究领域：当代旅游思想、旅游基础理论与旅游教育，旅游经济运行与旅游政策，旅游市场、旅游外交与港澳台地区合作，区域旅游发展战略与旅游规划，旅游产业结构升级与旅游企业管理，红色旅游。当年度立项 22 项，其中，重点项目 2 项，面上项目 20 项。

本书收录的成果汇编包括 2017 年、2018 年经鉴定结项的部分项目成果摘要。其中，2017 年面上项目 19 项，2018 年面上项目 20 项。

目录

第一编　2017年旅游科研立项——面上项目

第二编　2018 年旅游科研立项——面上项目

第一编

2017 年旅游科研立项
——面上项目（共 19 项）

中国经济规模测度及其效应的研究

项目主持人：西安财经学院　张莉

项目批准号：17TACG001

资助金额：3 万元

起止日期：2017 年 4 月—2018 年 4 月

一、研究背景

旅游业是世界上最大规模的经济行业之一，不仅提供大量就业岗位，还能够推动出口，实现经济繁荣。2008 年全球经济和金融危机以来，世界经济持续低迷，但旅游业发展持续强劲，已连续 7 年领跑全球经济（World Travel and Tourism Council，WTTC）。2017 年，旅游业为全球 GDP 做出了 10.4% 的贡献，提供了 3.13 亿个职位，是主要经济行业中增幅最快的（4.6%）。世界多个国家把旅游业作为国民经济的重要支柱产业，提出并实施旅游发展国家战略，引领和带动本国经济发展（美国、法国、西班牙、日本、韩国等）。2016 年，中国正式将“十三五”旅游业发展规划纳入国家重点规划，旅游业全面融入国家战略体系，成为国民经济战略性支柱产业。据 WTTC 预测，未来十年（2018—2028 年），中国旅游业对 GDP 和就业的贡献均赶超美国，是世界增长幅度最快的。全球旅游产业的逆势增长促使国际组织、各国政府开始关注旅游经济核算问题的研究。然而，旅游经济的统计测度是非常困难的一项任务。实际上，测量一个产业对经济发展的价值一直都是比较棘手的问题。作为涉及国民经济多个产业部门的旅游业，其服务业的无形性使得旅游经济核算工作更加困难。开展中国旅游经济规模测度及其效应研究，力图解释说明三个问题：一是从经济总量看，旅游经济的总体规模有多大；二是从趋势变化看，旅游经济受到哪些因素的影响；三是从旅游经济的效应看，旅游经济对经济发展的贡献有多大。

二、研究方法

投入产出表（IOT）是测量部门经济总量，准确反映部门间关联关系的一种统计方法，已被应用到多个领域。例如，区域间人口 IOT（徐国祥、陈海龙，2019）、非正规经济 IOT（刘波、徐蔼婷，2018）、物质投入 IOT（平卫英，2018）、健康产业 IOT（何静等，2017）、能源 IOT（于集轩，2016）等。我国对旅游投入产出分析的研究起步较晚，主要围绕基于投入产出分析旅游卫星账户的编制研究展开。刘益（2006）提出了投入产出型旅游卫星账户，将旅游业作为一个独立的产业部门，基于 40 部门 IOT，建立了包含旅游部门的 41 部门 IOT，并以 1997 年广东省的数据年进行了实际编制；刘晓欣（2011）利用 2001 年和 2007 年中国 IOT 通过测算 2002 年和 2007 年旅游产业关联度，对旅游产业宏观经济效应进行了分析；马仪亮（2014）应用旅游卫星账户和投入产出理论，构建了旅游业增加值测算方法，并基于全国 2007 年 IOT 测算了 2007 年旅游业增加值。已有研究表明旅游 IOT 能够系统地对旅游经济及其效应进行测算。但国家 IOT 的时滞性问题使得已有研究只能基于已发布年份的 IOT 进行编制研究。刘波、徐蔼婷（2018）借鉴 Miller 和 Blair（2009）的结构分解技术，将非正规经济、正规经济和农业经济视为独立单元编制了 1992 年、1997 年、2002 年、2007 年和 2012 年 5 年非正规经济 IOT。目前尚未发现编制连续年度旅游 IOT 的研究文献。

根据投入产出表表式和平衡关系，编制包含旅游部门投入产出表需要解决两个关键问题：一是如何将旅游作为一个独立部门纳入国家投入产出表中，即将 N 部门投入产出表扩展为 N+1 部门投入产出表；二是如何解决投入产出数据滞后问题，即编制连续年度的投入产出表。基于已有研究成果，本文根据国际、国内旅游统计标准，通过对旅游及相关概念的定义、分类、指标和方法的系统性研究，将旅游作为独立产业部门，结合我国旅游统计数据，设计一套包含旅游部门的投入产出表的编制方法，从而在方法上解决采用投入产出技术测度旅游经济总量的实效性问题。并作为应用案例，对中国 2010—2016 年中国旅游扩展投入产出表进行实际编制。

三、研究内容及结论

根据旅游产业定义，旅游经济扩展核算投入产出表基本表式如表 1 所示。表 1 以国家统计局公布的 IOT 为基础，从原始投入产出表中将涉旅产业中旅游产出部分剥离出来，加总形成旅游部门，即原 n 部门投入产出表扩展为 n+1 部门投入产出表。旅游扩展核算投入产出表将旅游作为独立产业部门，既能从整体分析旅游部门和国民经济各部门之间的关联关系，又能采用投入产出技术测算旅游经济总量。根据表 1 提供的框架，本文以官方公布的 42 部门投入产出表"部门 × 产品"（P–by–I），给出旅游扩展核算投入产出表的编制方法和实际编制。

表 1　全国 n+1 部门投入产出表一般形式

产出 投入		中间使用	最终使用				总产出
		非旅游部门	消费	资本形成	净出口	最终使用	
中间投入	非旅游部门 旅游部门	U	XF	TZ	NX	Y	V
	增加值合计	N					
总投入		G					

表中 U 矩阵是产业部门中间投入矩阵，N 是产品部门增加值矩阵，XF、TZ、NX 分别为消费矩阵、投入矩阵和净出口矩阵，G 是总投入向量，V 是总产出向量。文中符号设定为：A 为任意矩阵，A' 为 A 的转置，$\underline{A}$ 为列和向量，$\overline{A}$ 为行和向量，$\dot{A}$ 为矩阵 A 矩阵中所有元素之和；矩阵下角标用 0 表示基期，用 p 表示已公布数据矩阵，t 表示经过调整或推算的目标矩阵。

（一）编制方法

编制旅游扩展核算投入产出表的核心首先是从国民经济各涉旅产业中将旅游产出部分进行合理的分解和归并。由表 1 可知，旅游部门作为第 n+1 个部门，与其他各部门一样，需要总量数据和总量的分解数据。因此，不仅需要从原涉旅产业总量数据中将旅游部分分离出来，还要根据投入产出表结构将调整后的总量数据分解到各部门中。其次，需要将我国现有旅游统计中总量指标——旅游总收入，转换成国民经济核算指标——旅游总产出。国际统计建议和国家统计局制定的旅游产业分类原则为此提供了理论依据。最后，我国 GDP 核算数据是按年度发布的，这为连续年度投入产出表的编制提供了基础数据。因此，编制旅游扩展核算投入产出表的总体思路是“确定涉旅产业分类→编制连续年度全国 IOT →编制旅游扩展核算 IOT”。具体步骤如下：

（1）确定旅游产业分类。依据 IOT 表基本原理和旅游产业特点，旅游产业分类的确定分为四步进行：首先，确定旅游消费支出类别，根据游客消费抽样调查确定旅游消费支出目录。现有旅游统计资料中，旅游收入构成仅包含长途交通、餐饮、住宿、旅游购物、景区游览、娱乐、市内交通、通信及其他九项，不能满足旅游统计的需要。本文根据陕西省旅游局开展的“入境游客花费调查（2016）”和“国内旅游抽样调查（B）2016①”，将游客旅游消费支出分为 8 个类别，共 71 个小类②。其次，补充旅游及相关产业分类。对比旅游消费支出分类与《国家旅游及相关产业统计分类（2015）》，我们发现有些消费支出无法并入现有旅游相关产业分类（如与短期度假住宿有关的服务、自驾游、农家乐等新兴旅游方式发生的旅游支出）。在对旅游基层统计工作进行深入调研的基础上，本文对旅游及相关产业分类进行了补充，以使游客在旅游活动中实际发生的旅游支出能够归入相应产业。再次，确定涉旅产业分类。根据《国家旅游及相关产业统计分类（2018）》、旅游及相关产业补充分类和 132 部门投入产出表，确定 18 个旅游相关行业。最后，对已公布国家 IOT 产业分类进行统一处理。根据数据的可得性和编制的可操作性，将 42 部门归并为 9 部门：农业、工业、建筑业、批发和零售业、交通运输、仓储和邮政业、住宿和餐饮业、金融业、房地产业、其他第三产业。

（2）编制连续年度全国 IOT。以 2007 年、2010 年和 2012 年国家 IOT 为基础，编制 2010—2016 年连续年度 IOT，包括已公布年度 IOT 表调整和未公布年度 IOT 表预测两个部分。首先，将 2007 年、2010 年和 2012 年公布的 42 部门 IOT 归并为 9 部门，以同期 GDP 核算数据为调整目标，使已公布年份的 IOT 表与 GDP 核算数据衔接一致。其次，根据 2010 年、2012 年 IOT 推算中间空缺年份 2011 年 IOT。最后，以 2012 年 IOT 表为基础，采用“控制总量、推算结构”的方法（李宝瑜，2013），建立投入产出延长表编制模型，编制 2013—2016 年 IOT 延长表。

（3）编制旅游扩展核算 IOT。以 2010—2016 年全国 9 部门 IOT 为基础，编制旅游扩展核算投入产出表。根据表 1，旅游部门作为第 9+1 个部门，与其他部门一样，需要总量数据及其分解向量，这就不仅要从原 9 个部门的总量数据中分离出旅游部门，还要根据投入产出表的结构，再将其分解到各部门。具体步骤为：首先，估算旅游部门总量数据及其分解向量。根据游客花费构成将旅游收入分解到各涉旅产业，计算产业

① 该项调查问卷为国家统计局制定的《旅游统计调查》。

② 限于篇幅，文中不给出详细分类目录。

剥离系数从涉旅产业总产出中剥离出旅游产出部分，加总得到旅游总产出。根据各涉旅产业增加值率，计算涉旅产业旅游增加值部分，加总得到旅游增加值。其次，编制最终使用矩阵。根据旅游总产出、增加值推算结果，可得到旅游产业的总产出、增加值、农村居民消费、城镇居民消费、固定资产形成、出口总量及分解向量。根据各总量指标的分解向量，从 9 部门投入产出表中将各产业部门旅游产出部分扣减，加总得到旅游部门的总量数据，扣减后剩余为各产业部门的非旅游产出部分，得到 9+1 部门的最终使用矩阵。再次，采用"双 RAS 法"推算增加值矩阵。运用"RAS"编制 9+1 部门增加值矩阵需要给定目标矩阵行控制向量、列控制向量及初始矩阵。其中，列控制向量为劳动者报酬、生产税净额和固定资产折旧 + 营业盈余三个总量指标，是各产业的合计数，不涉及旅游产业的剥离，直接采用 9 部门投入产出表增加值矩阵列合计数。行控制向量由各产业增加值扣除旅游增加值部分得到。初始矩阵需要对旅游产业初始值做推算，其他各产业采用 9 部门增加值矩阵为初始值，根据 RAS 方法的迭代思想，用 2007 年全国 135 部门投入产出表中旅游业增加值分解向量作为初始值[①]。最后，编制中间流量矩阵是编制旅游扩展核算投入产出表的最后一步，根据投入产出表的平衡关系，由最终使用矩阵、总产出矩阵和增加值矩阵得到中间流量矩阵的行控制向量和列控制向量，然后运用"RAS 法"可得到中间流量矩阵。最后，将最终使用矩阵、增价值矩阵和中间流量矩阵组合在一起，得到完整的旅游扩展核算投入产出表。

（二）编制结果

下面给出 2016 年编制结果：

1. 最终使用矩阵

$$XF=\begin{pmatrix} 10912.11 & 16407.04 & 804.86 \\ 25735.71 & 91882.34 & 0.00 \\ 0.00 & 0.00 & 0.00 \\ 1109.80 & 1975.82 & 0.00 \\ 1308.68 & 5623.55 & 2125.92 \\ 387.78 & 5193.75 & 0.00 \\ 2009.11 & 12123.57 & 1367.32 \\ 6595.79 & 23843.52 & 0.00 \\ 8866.42 & 38903.34 & 92175.93 \\ 7219.28 & 32563.71 & 11040.23 \end{pmatrix} \quad TZ=\begin{pmatrix} 4384.87 & 4017.62 \\ 107684.68 & 5638.64 \\ 171125.67 & 0.00 \\ 1085.61 & 865.31 \\ 1943.99 & 294.18 \\ 0.00 & 0.00 \\ 0.00 & 0.00 \\ 12486.61 & 0.00 \\ 10824.35 & 0.00 \\ 9375.76 & 0.00 \end{pmatrix} \quad EX=\begin{pmatrix} 624.73 \\ 121890.52 \\ 861.20 \\ 11794.80 \\ 5037.47 \\ -346.89 \\ 462.12 \\ 0.00 \\ 3879.88 \\ 8051.38 \end{pmatrix}$$

① 2010 年和 2012 年的 42 部门和 135 部门投入产出表中没有对狭义旅游业进行核算。

$$
G=\begin{pmatrix}118991.18\\1266421.41\\190365.49\\77002.30\\79757.36\\19399.35\\81047.72\\57555.66\\240825.59\\68250.36\end{pmatrix}\qquad ER=\begin{pmatrix}1212.60\\678.78\\-777.35\\13453.73\\3190.38\\5190.64\\85.67\\-82.43\\6325.95\\-32504.45\end{pmatrix}\qquad IM=\begin{pmatrix}5095.73\\115617.01\\252.35\\0.00\\2635.02\\411.98\\489.78\\0.00\\5589.57\\4712.93\end{pmatrix}
$$

2. 增加值矩阵

$$
N=\begin{pmatrix}64334.96 & 102129.88 & 31684.40 & 18020.54 & 15810.72 & 5585.09 & 20941.66 & 6583.13 & 98556.89 & 22353.88\\ -2916.64 & 43228.09 & 5994.20 & 16477.13 & 880.78 & 623.68 & 6196.62 & 7727.51 & 4545.03 & 3280.15\\ 2495.92 & 101609.70 & 11843.60 & 20761.09 & 14568.72 & 1830.71 & 34994.12 & 33822.16 & 38073.70 & 12089.80\end{pmatrix}
$$

3. 中间投入矩阵

$$
U=\begin{pmatrix}17491.52 & 62847.51 & 1371.11 & 11.92 & 896.88 & 2013.45 & 0.44 & 6.47 & 1077.86 & 5.93\\ 30691.11 & 810552.36 & 103069.07 & 3104.04 & 22449.63 & 6773.15 & 2498.01 & 860.49 & 47961.13 & 568.79\\ 23.59 & 3908.58 & 9559.28 & 320.66 & 1122.37 & 145.24 & 709.96 & 1420.14 & 2198.49 & 0.00\\ 1707.74 & 32786.37 & 3115.74 & 1564.24 & 1354.82 & 1003.40 & 439.47 & 109.50 & 4630.47 & 5.51\\ 1643.93 & 33548.23 & 5825.70 & 2228.56 & 10603.23 & 373.14 & 903.88 & 183.76 & 6345.43 & 1212.37\\ 84.12 & 3338.51 & 625.20 & 245.91 & 706.85 & 24.40 & 1055.94 & 101.69 & 3044.04 & 159.38\\ 1918.34 & 32609.66 & 5915.45 & 2928.19 & 7105.22 & 308.05 & 3061.58 & 3733.98 & 7909.25 & 0.00\\ 2.66 & 816.84 & 20.82 & 4320.94 & 390.13 & 281.43 & 3948.26 & 1439.40 & 3491.71 & 0.00\\ 1368.31 & 35216.56 & 11340.93 & 6934.29 & 3369.70 & 425.08 & 6297.79 & 1567.42 & 18402.45 & 516.75\\ 145.62 & 3829.14 & 0.00 & 84.79 & 498.32 & 12.55 & 0.00 & 0.00 & 4589.14 & 28057.82\end{pmatrix}
$$

最后，将中间投入矩阵、最终使用矩阵和增加值矩阵组合在一起，得到旅游作为独立部门的投入产出表。

（三）主要结论

以旅游增加值为例，给出 2010—2016 年旅游产业增加值及其对经济增长贡献的测算结果（见表 2）。

表 2　2010—2016 年旅游产业对经济增长的贡献率

单位：%，亿元

年份	2010	2011	2012	2013	2014	2015	2016
旅游直接贡献	2.97%	3.63%	3.74%	3.88%	4.41%	4.69%	5.07%
旅游间接贡献	2.48%	3.15%	3.40%	3.51%	3.91%	3.98%	4.10%

续表

年份	2010	2011	2012	2013	2014	2015	2016
旅游完全贡献	5.45%	6.78%	7.14%	7.38%	8.31%	8.67%	9.17%
旅游增加值	12258.90	17762.19	20217.52	23086.23	28375.55	32345.24	37723.83
旅游间接增加值	10238.75	15401.40	18378.40	20870.92	25168.98	27404.37	30526.54
旅游完全增加值	22497.66	33163.60	38595.92	43957.15	53544.53	59749.60	68250.36
旅游总收入	15681.15	22435.58	25864.24	29475.77	33807.91	41273.63	47360.76
GDP	413030.30	489300.60	540367.40	595244.40	643974.00	689052.10	744127.20
总产出	1262026.20	1479639.65	1605194.31	1788308.94	1930710.50	2049080.69	2199616.43

计算结果表明：2010 年到 2016 年，我国旅游产业直接增加值从 12258.90 亿元增加到 37723.83 亿元，年均增长 20.6%；占 GDP 的比重从 2.97% 提高到 5.07%，提高了 2.1 个百分点；对 GDP 的综合贡献从 5.45% 提高到 9.17%，提高了 3.72 个百分点。

四、创新之处

（一）旅游及相关概念的界定

梳理在旅游发展的不同阶段，人们对“旅游”这一概念内涵和外延的理解。在重新认识“旅游”这一概念的基础上，对全域旅游发展阶段下，从经济学和统计学视角对旅游及相关概念的内涵、特征和分类进行重新定义，以满足现代旅游发展阶段下旅游统计学、经济学研究和政府决策管理的需求。

（二）编制中国 2010—2016 年连续年度旅游扩展核算投入产出表

连续年度全国投入产出表延长表的编制使得连续年度旅游经济总量的测算成为可能。依据游客消费构成和旅游总收入，就可以编制连续年度的旅游扩展核算投入产出表。编制旅游扩展核算投入产出表，不仅解决了旅游总量数据的测算问题，而且测算结果与国民经济各部门核算数据都保持了平衡和衔接。采用该方法，只要获得了当年的国民经济核算数据（统计公报），就可以通过编制旅游扩展核算投入产出表，测算旅游经济总量，从而解决了旅游统计数据的及时性和连续性问题，而且回避了目前旅游统计滞后带来的数据缺失困难。

（三）测算 2010—2016 年中国旅游经济总量

基于投入产出表，测算旅游经济总量，分析其来源构成。该方法只要最近年份官方发布的投入产出表和当年 GDP 核算数据，就可测算国家、省级及以下不同层面连续年份的旅游经济总量。在我国尚无旅游产业核算规范办法的背景下，此研究不失为一种研究旅游业对国民经济整体影响的简便可行的方法。

五、应用价值

旅游经济规模的迅速扩大以及旅游业在国民经济发展中的战略性支柱产业定位的确定，使旅游经济核算成为旅游研究和实际工作中亟待解决的重点问题。本文将旅游作为一个独立部门，纳入投入产出核算体系内，通过编制连续年度旅游扩展核算投入产出表，一方面，实现在国民经济核算体系内对旅游经济总量进行测算与分析，使得旅游经济的核算数据与国民经济核算数据保持一致和衔接，另一方面，突破了投入产出数据实效性的局限，获得投入产出时间序列数据，以进一步运用投入产出框架分析旅游经济在国民经济产业间的作用及机制，测度反映旅游经济重要性的指标，如相对于 GDP 的旅游经济规模，归因于旅游经济活动的直接就业和间接就业等。

基于旅游卫星账户的旅游经济核算指标体系的统计研究

项目主持人：海南大学　卢媛

项目批准号：17TABG003

资助金额：3 万元

起止日期：2017 年 4 月—2019 年 4 月

一、研究背景

旅游业是为满足旅游者在旅游活动中产生的食、行、游、住、购、娱等需求，提供相关旅游产品与服务为主的复合性产业。目前，旅游业是我国很多省、自治区、直辖市经济发展的支柱性产业，对社会经济的拉动、社会就业的带动以及对文化的提升与环境的改善作用日益显现。旅游对促进经济增长的重要性明确无疑，但我国旅游业的大部分统计指标设计较为粗浅、统计核算方法较为简单，特别是缺乏旅游活动对经济影响的统计核算和经济分析。此种情形下，不但无法说明旅游业对国民经济发展的贡献程度，也无法体现旅游业与其他产业部门的产业关联程度，更无法将旅游业发展状况在国民经济核算体系中体现出来。现有旅游业统计指标、数据和统计核算系统方法的弱势与旅游业在我国多地快速发展的现实极为不协调。需要有一套符合国际标准、贴合我国旅游业发展实际的旅游业统计核算体系，全面展现我国旅游的发展现状。通过对初阶指标、数据的统计核算，可以就产业规模、增长速度、对国民生产总值的直接贡献、综合贡献以及对其他产业的带动效应等多角度体现旅游业发展状况的数量特征，为旅游行政管理部门等相关政府部门制定公共政策提供决策依据。

近年来，运用旅游卫星账户和投入产出方法进行旅游经济核算是学术界较为热门

的研究领域。部分学者利用旅游卫星账户的数据和结构，对旅游经济指标核算方法展开新探索，并进行实证分析和比较分析。还有学者则利用投入产出方法，借助投入产出表中各产业部门间的结构特点，提出旅游业直接增加值、完全增加值以及直接贡献率和完全贡献率的测算方法。也有少数学者将旅游卫星账户和投入产出技术相结合，但核算指标主要集中在对直接增加值和完全增加值得核算等方面，并未给出旅游经济核算指标体系和算法。

本项研究旨在基于旅游卫星账户的框架和数据，运用投入产出方法，构建旅游经济核算指标体系并给出核算方法。其中旅游核算指标将主要由旅游卫星账户算得，完全贡献指标将借助投入产出表完成。目前，浙江、江苏、云南、北京、海南等很多省份已经完全旅游卫星账户的编制工作，利用这些数据并结合各省份投入产出表，可以对所构造的旅游经济核算指标体系开展实证研究和比较分析。

二、研究方法

旅游经济核算属于交叉学科，完成相应的工作需要由旅游专业和统计学学科专业背景的专业人士共同完成。旅游经济核算以及所要构建的指标体系应该建立在旅游经济学、统计学、统计经济核算等相关学科理论基础之上。篇幅所限，在此只对项目研究关系密切的三项基础理论进行阐述，分别为旅游卫星账户、投入产出方法和国民经济核算体系。

旅游卫星账户是构建旅游统计核算指标体系的理论框架和基础数据来源，同时也为指标核算提供了重要的方法论。具体来说，现代旅游业包含国民经济行业分类中多个部门，其经营活动与其他行业部门生产经营活动关系紧密，如何将旅游产出等相关总量指标从各行业产出中分离出来一度成为此类研究的重难点问题，有学者采用旅游业剥离系数的方法，但剥离系数的计算方法并未形成一致观点。旅游卫星账户是解决此问题的方法之一，即旅游卫星账户在编制过程中已经完成了将纯粹的旅游产出从旅游业及相关产业产出中剥离的任务，所以剥离后的纯粹的旅游产出等总量指标和数值结果可以从旅游卫星账户直接读取，这是关系到整体旅游统计核算工作科学性和准确性的关键环节。

投入产出方法是旅游统计核算指标体系的另一项重要方法论。投入产出方法是研究经济系统各部门间表现为投入与产出的相互依存关系的经济数量方法。在投入产出分析中，各个部门间的经济技术联系是通过投入产出表和投入产出数学模型表现的。

其中投入产出表是基础，数学模型是投入产出表的行和列间数量关系的模型表达，并基于此提出了直接消耗系数、完全消耗系数、完全需求系数、分配系数等，用以刻画国民经济各部门间的经济技术关联性。本文中将运用投入产出方法的直接消耗系数、中间投入率、增加值率、流量矩阵计算等技术，是测算旅游业统计核算指标体系中旅游业经济贡献类指标的核心技术手段。

旅游卫星账户是国民经济核算体系的一个拓展，明确旅游卫星账户是国民经济核算体系的附属账户十分重要，因为这就意味着旅游卫星账户的基本概念、定义和分类与国民经济核算体系的相应内容可以共用，而且旅游卫星账户的一部分信息将由国民经济核算体系来提供。国民经济核算 93 体系指出："国民经济核算 93 体系可望对国民经济核算工作提供几乎全面的指导。"作为国民经济核算体系的卫星账户，旅游卫星账户所提供的概念框架、记账框架、定义、分类肯定会对旅游业起到几乎全面的指导作用。

三、研究内容及结论

项目研究主要历经六个阶段，研究报告将六个阶段的主要工作总结成六章内容。研究报告的第一章为绪论，主要对项目研究背景、研究意义、文献综述、研究思路、创新点等内容的介绍。第二章是理论基础部分，主要对项目涉及的三个基础性理论进行介绍，并与项目内容关系密切的部分进行详细阐述。第三章是对本项的重要研究工具——旅游卫星账户编制方法的介绍，特别是在编制前期的数据调查阶段，给出目前在实践中应用比较多且效果较好的数据调查程序和方法。第四章是本项目的核心部分，以旅游卫星账户中的数据为基础，加之统计年鉴等官方数据，构建旅游经济核算指标体系。第五章是实证研究部分，对前文构建的指标体系和计算方法进行计算，选取广东和江苏两省为例，进行指标体系结果的对比分析。第六章是在项目进行中，通过对问题的深入认识并结合在实践中发现的新问题而提出的在未来对本选题进一步研究的构想。

项目研究主要提出以下观点：

第一，旅游卫星账户成为目前旅游经济核算的重要工具。因为旅游卫星账户 TSA 是一个国际标准框架和建议，可供世界各国和地区进行旅游经济发展的国别和区域间比较分析。旅游卫星账户 TSA 框架和规则的设计是以国民经济核算 SNA 的体例和原则为依据，使得旅游卫星账户 TSA 可以作为国民经济核算 SNA 中的一个子系统，运用旅游卫星账户进行统计核算数据来源更具规范性。另一原因是旅游卫星账户 TSA 的主体是十张统计数据表，里面提供的数据量远远超过我国传统官方旅游数据指标数量，这使得以科研工作者为代表的相关领域专业人员在进行旅游业行业分析，或政府部门制定政策的前期调研工作有更大的研究空间、更多的基础性指标数据量。

第二，我国多省已经编制各省的旅游卫星账户 TSA，旅游产品和旅游产业的设置、地区间经济联系的区分是重点和难点。据悉广东、浙江、江苏、云南、北京、海南等很多省份已经完全旅游卫星账户的编制工作，通过对比研究发现，部分省份旅游卫星账户旅游产品和旅游产业的设置过于复杂或随意（主要是体现本省旅游新业态的旅游产品设置），这样带来的问题是从旅游卫星账户出发，对旅游业和其他行业进行关联分析，对旅游业对地区经济贡献程度进行分析时，要借助投入产出表完成。要求旅游卫星账户中的旅游产品和旅游产业的项目应该与投入产出表中的部门分类、与国民经济行业分类相一致。也就是说如果旅游卫星账户中旅游产品和旅游产业，特别是各省旅游新业态的旅游产品等设置较随意，在后期旅游行业数据分析中，旅游卫星账户与投入产出表、与国民经济行业分类将无法对应。另外，各省份部门总产出、部门增加值、部门中间投入的计量中，如何区分外省相应的价值和经济贡献是难点问题。

第三，旅游卫星账户 TSA 总量核算指标体系的设计应体现全面性、适度性，不可过于复杂。《2008 年旅游附属账户：建议的方法框架》第四章中对总量核算指标提出两大类，共 8 项核算指标，具体包括：主要总量指标中的境内旅游支出和境内旅游消费、旅游产业的总增加值、旅游业总增加值、旅游业直接国内生产总值，其他总量指标中的旅游业就业、旅游业固定资本形成总额、旅游业集体消费、旅游业境内总需求。以此为依据，我国部分省份结合本省旅游业发展特点，总量核算指标设置为十几项或几十项的屡见不鲜。总量核算指标设置很多项好处是可以更全面地体现旅游业经济发展全貌，但问题是部分指标的内涵和外延不清，或经济学含义指代不清，再有可能存在指标测算方法的科学性问题。所以，通过本项目研究认为，总量核算指标（体系）的设置要体现全面性和适度性原则，本项目主要的研究成果之一——旅游经济核算指标体系被设计为开放型指标体系。“开放”是考虑各地区旅游业发展的差异化问题而设计的弹性指标区域。

第四，投入产出方法是计算产业关联度和旅游业对地区经济完全贡献程度的关键方法。投入产出分析是研究经济体系中各部门之间投入与产出相互依存关系的数量分析方法，可以分析出旅游者在旅游过程中所产生的旅游消费结构，从而有效地评价旅游业对经济所造成相关影响。利用投入产出流量表计算的直接消耗系数、完全消耗系

数、完全需求系数、感应度系数和影响力系数都是研究旅游业和其他产业关联度的重要参数。

四、创新之处

第一，构造旅游统计核算指标体系。该体系是以旅游卫星账户为基本理论框架和数据来源，为了弥补传统旅游统计核算指标口径小、指标种类单一（非货币化指标为主）的问题，设置了一系列逻辑密切相关的旅游统计核算货币化指标，这对开展全域旅游统计核算、旅游数据深度挖掘和分析、旅游产业关联性和旅游经济贡献程度等研究得以实现。

第二，旅游完全增加值计算方法是学术界研究的热点，研究中给出了完全增加值计算的公式，并进一步延伸到旅游业带动的三次产业完全增加值和完全贡献率的计算。通过对广东算例的试算，结果表现出合理的经济学含义。

第三，提出基于大数据技术的数据驱动型现代旅游统计研究构想和研究思路。首先，在旅游卫星账户编制的数据调查阶段，除了官方数据、问卷调查数据等之外，可以使用大数据方式，利用客观触发而非传统统计抽样调查的方式获得数据将更具有客观性和科学性。例如，从海量手机位置信息、游客刷卡信息，OTA 网站支付信息等大数据信息中挖掘旅游统计数据。其次，以移动通信大数据为原始数据，基于数据挖掘技术给出实现数据获取、数据筛选、数据清洗、结果自动生成与检验、数据可视化、数据分析等主要技术环节的方法。最后，移动通信用户信令数据是实现现代旅游业发展动态监测的有效途径，信令数据本身的属性和时效性为实现实时动态监测提供了可能，通过对信令数据的挖掘和分析可以实现旅游业与相关行业部门的即时互联互通，具体表现为对旅游景区、交通、住宿餐饮、批发零售、银行保险等部门发布旅游警示信息，向公安及其他政府相关部门就景区聚集于疏散、周边交通、突发事件等实时反馈预警信息等。

五、应用价值

当前我国社会主要矛盾已经转化为人民日益增长的美好生活需要和不平衡不充分的发展之间的矛盾。随着我国经济快速发展和人民生活水平稳步提高，人民生活消费需求中精神生活消费需求比重逐渐超过物质生活消费需求比重。“读万卷书，行万里路”，老中青幼各年龄层的人都可以通过旅游放松身心、开阔眼界、增长见识、荡涤心灵。在当下中国，旅游是人们实现对美好生活需要的首选方式和最直接的表达。

旅游业是为满足旅游者在旅游活动中产生的食、行、游、住、购、娱等需求，提供相关旅游产业经济的拉动、社会就业的带动以及对文化的提升与环境的改善作用日益现。近些年，全域旅游的概念被广泛关注，它是指在一定区域内，以旅游业为优势产业，通过对区域内经济社会资源尤其是旅游资源、相关产业、生态环境、公共服务、体制机制、政策法规、文明素质等进行全方位、系统化的优化提升。全域旅游实现区域资源有机整合、产业融合发展、社会共建共享，以旅游业带动和促进经济社会协调发展的一种新的区域协调发展理念和模式。由此可见，宽口径“全域旅游”概念下的旅游业相较传统定义下的窄口径的“旅游业”，前者的产业融合度更强、渗透性更广、关联度更高。在全域旅游概念下，需要有一套科学的旅游经济统计核算方法用来测度旅游业自身发展状况、对国民经济的贡献以及区域或国别间的可比性问题。

传统窄口径下的旅游经济统计核算的局限性显而易见，无法测算旅游业对国民经济的贡献程度，以及对其他产业部门带动或影响的效应程度。可见，现有旅游业统计指标、数据和统计核算方法的弱势与旅游业在我国快速发展的现实极为不协调。所以，需要一套既符合国际标准又贴合我国旅游业发展实际的旅游经济统计核算方法。在此方法体系下，通过构造国民经济核算账户子账户的形式，丰富旅游统计指标和数据，运用数据挖掘和数量分析技术对指标数据展开深入分析，可以就产业规模、增长速度、对国民经济的直接贡献、完全贡献以及对其他产业的带动效应等多角度体现旅游业发展的数量特征，用数据反映新时代下旅游业发展全貌。

旅游统计的中外比较研究：基于建设中国旅游数据体系的视角

项目主持人：上海财经大学　何建民

项目批准号：17TABG004

资助金额：3 万元

起止日期：2017 年 4 月—2018 年 4 月

一、研究背景

通过对国内外相关文献梳理及预调查研究发现：在我国实施“全域旅游”与“三步走战略”，从目前粗放型世界旅游大国发展成集约型世界旅游强国的背景下，建设符合“体系统一、科学适用、方法创新、合作接轨、世界眼光、人才保障”要求的我国旅游数据体系，亟须按照我国旅游数据体系建设要回答的系列问题，对“中外旅游统计体系构建的目的与功能、理论与原则、内容与指标体系、数据收集与分析的方法和工具、数据收集分析与报告的质量标准、旅游统计的组织体制与工作制度”等开展全面、系统的比较研究，为建设既符合现实需要又与世界数据体系对接的我国旅游数据体系提供参考与借鉴。

二、研究方法

本项目针对具体的研究问题，综合运用了文献研究方法、理论研究方法、调查研究方法、法规与标准研究方法、案例研究方法、对标研究方法、统计研究方法。

三、研究内容及结论

（一）中外旅游统计体系建设目的、功能、理论与原则比较研究结论

第一，通过对《中华人民共和国旅游法》《中华人民共和国统计法》《旅游统计管理办法》的梳理，本研究报告说明了目前我国有关旅游统计体系建设目的、功能、理论与原则的观点。值得关注的是：（1）我国对旅游统计还不够重视。例如，我国旅游法尚未出现“旅游统计”四个字。（2）我国还缺乏既适合中国特点又与国际接轨的旅游统计体系。

第二，通过对联合国经济及社会理事会相关文献的梳理，说明了“联合国官方统计的基本原则”（the United Nations Fundamental Principles of Official Statistics）对我国旅游统计体系建设目的、功能、理论与原则的参考和指导意义。

第三，通过对联合国系统的政府间旅游领域的领导性国际组织——世界旅游组织相关文献的梳理，说明了世界旅游组织倡导各国政府遵循的《2008 年旅游统计的国际建议》（International Recommendations for Tourism Statistics 2008），对我国有关旅游统计体系建设目的、功能、理论与原则的参考和指导意义。

第四，通过对全球旅游企业领袖论坛组织——世界旅游业理事会相关文献的梳理，说明了世界旅游业理事会有关促进旅游企业发展的旅游统计体系建设的观点与实践，特别是如何营造旅游企业健康发展环境对旅游统计要求，对我国有关旅游统计体系建设目的、功能、理论与原则具有较大的参考和指导意义。

第五，通过对由 35 个市场经济国家组成的政府间国际经济组织——经济合作与发展组织相关文献的梳理，说明了市场经济国家组成的政府间国际经济组织有关旅游统计体系建设的观点与实践，特别是提供各成员国的关键性的统计比较数据，对我国有关旅游统计体系建设目的、功能、理论与原则具有较大的参考和指导意义。

第六，通过对拥有全球最大的入境旅游市场、具有 28 个成员国的世界最大的经济与政治联盟——欧盟相关文献的梳理，说明了联盟国家有关旅游统计体系建设的观点与实践，特别是在欧盟层面、欧盟成员国层面对旅游统计体系建设的要求及旅游统计质量的全面管理经验，对我国有关旅游统计体系建设目的、功能、理论与原则具有较大的参考和指导意义。

第七，通过对由 187 个国家的政府、业主和工人三方组成的联合国机构——国际劳工组织相关文献的梳理，借鉴国际劳工组织劳动统计体系建设的理论与实践，说明了对我国有关旅游统计体系建设目的、功能、理论与原则的参考和指导意义。

（二）中外旅游统计内容、指标体系、数据搜集与分析方法和工具的比较研究结论

第一，我国目前尚缺乏参照《2008 年旅游统计国际建议》、适合中国特点、具有重大理论与实践指导意义及可操作性的中国旅游统计概念、定义、分类与指标体系，作为整个中国旅游统计工作的依据、标准与指南。

第二，我国目前尚缺乏参照《旅游卫星账户：建议的方法框架 2008》、适合中国特点、具有重大理论与实践指导意义及可操作性的中国旅游卫星账户的统计概念、定义、分类与指标体系，作为整个中国与省市旅游卫星账户统计工作的依据、标准与指南。

第三，虽然我国目前已经开始使用旅游对国内生产总值的综合贡献指标，但是，在《旅游统计调查制度》（2017）中，还没有列出详细的统计内容、统计指标体系、统计数据的搜集与分析方法和工具。因此，在这方面，可以借鉴《2017 年旅行与旅游经济影响研究方法》（WTTC/Oxford Economics 2017 Travel & Tourism Economic Impact Research Methodology），针对我国特点与可行性，说明全面的旅游贡献统计内容、统计指标体系、统计数据的搜集与分析方法和工具。

第四，国际劳工组织有关旅游就业统计内容、指标体系、数据收集与分析方法和工具的启示是：（1）可以依据各国旅游就业的统计目标，统计体系，以及统计能力，选择适当的旅游就业统计内容与指标体系。（2）要围绕统计目标，完善相应的旅游就业统计能力的建设。（3）旅游就业数据的主要来源。搜集旅游业的就业数据，应该与定期的国民经济核算体系融为一体。为了更好地覆盖和获得更详细的旅游业就业人员的特点，国家应该尽可能地使用下列收集的主要资料的来源类别：①衡量劳动力需求：生产单位层面的数据，生产单位的人口统计、以生产单位为基础的样本调查。②衡量劳动力供给：以户为单位的数据，人口统计调查、以户为基础的样本调查。③行政记录：诸如就业机构的注册登记、社会安全记录、失业保险记录、劳动检察记录、税收记录，等等。（4）努力做到旅游就业统计数据具有可比性。《2008 年旅游统计国际建议》中的第 7 章，以及它的编辑指南，可以作为就业数据跨国比较的国际基础。（5）可以借鉴测度旅游行业就业的最佳实践：奥地利、加拿大、英国、巴西、爱尔兰、新西兰、瑞士、西班牙的等。

第五，经济合作与发展组织有关利用政府记录促进旅游统计的启示是：要积极从政府各相关部门的统计资料中获得旅游统计资料，需要对政府相关部门的统计资料作出合理规范引导以适合旅游统计的需要。

第六，我国目前尚缺乏旅游可持续发展的统计。欧盟旅游可持续发展的指标体系为我们提供的重要启示。

旅游可持续发展的定义内容包括12个方面:（1）经济有活力。（2）地方繁荣。（3）就业的质量。（4）社会平等。（5）游客的实现感。（6）地方控制。（7）社区的安康。（8）文化的丰富性。（9）空间的完整性。（10）生物的多样性。（11）资源的有效利用。（12）环境的纯净化。

旅游可持续发展的统计指标体系包括5个一级指标、17个二级指标、32个三级指标。5个一级指标是:（1）旅游政策和治理;（2）经济绩效、投资和竞争力;（3）就业、体面工作和人力资本;（4）贫困减少与社会包容性;（5）自然与文化环境的可持续发展。

（三）中外旅游统计组织体制、工作制度、旅游统计数据收集分析与报告质量标准的比较研究结论

第一，按照《2008年旅游统计的国际建议》，一个国家要建立国家旅游统计体系与国家旅游统计机构，并与相关的机构积极合作，如与国家统计局、中央银行、外汇管理局、出入境检验机构、地方统计局等。

目前，我国已经有了国家旅游统计机构，但与相关机构积极合作方面，如与国家统计局、中央银行、外汇管理局、出入境检验机构、地方统计局等的合作机制方面，还需要不断完善。

第二，参照《2008年旅游统计的国际建议》，旅游信息收集、编制与发布质量的基本要求是:

（1）保证旅游信息质量的前提要求。它是指对所有影响旅游信息质量的制度性与组织性条件的要求，包括制定搜集发布旅游信息的法律依据，确保提供旅游信息机构之间分享与协调信息的充分性，确保旅游信息提供的保密性，要确保在实施收集编制旅游信息方案在人力资源、财务、技术方面的充分性，实施信息收集方案的成本有效性，提高对旅游信息质量的意识。

（2）提高旅游信息的相关性。它是指旅游信息满足使用者需要的程度。旅游信息提供者要认识主要使用者的需要，可以将目前所提供的旅游信息与满足主要使用者需要之间不存在差距作为衡量旅游信息相关性的指标。

（3）提高旅游信息的可信性。它是指旅游信息使用者对负责旅游信息收集与提供者形象的信任性。旅游统计工作者等旅游信息提供者，要遵循旅游信息收集编制的质量标准，做到旅游信息被专业化与高度透明地提供，防止被操纵或屈服于政治的压力。

即说明数据来源、数据统计指标、数据统计对象、数据统计程序、数据统计误差等。

（4）提高旅游信息的准确性。它是指旅游信息对正确评估与描述相关事物数量与特点的正确程度。

（5）提高旅游信息的时效性。它是指旅游信息计划收集与发布时间和该信息实际向公众发布、公众可获得使用之间的延期时间，可以用延期的时间来衡量。在这方面可能存在及时发布与准确性较低，延期发布与准确性较高的交替关系。旅游信息的时效性也影响旅游信息的相关性。

（6）提高旅游信息收集方法的健全性。它是指旅游信息收集方法符合在旅游信息收集方面的国际标准、指南与好的做法。

（7）提高旅游信息的一致性。旅游信息是由许多相关机构提供的，它们提供的信息要保持逻辑性与一致性。

（8）提高旅游信息的可获得性。它是指旅游信息的使用者易于从旅游信息的收集提供机构获得旅游信息。它要求旅游信息提供者要事先编制与发布提供旅游信息时间的日历表，并且使旅游信息的使用者知道在什么地方与如何获得这些旅游信息。上述旅游信息提供的质量标准是一个互相关联的整体，要努力遵循。

四、创新之处

本研究的创新之处是：为我国旅游数据体系建设提供了五方面创新的可借鉴成果：（1）中外旅游统计体系构建的目的与功能、理论与原则的比较借鉴；（2）中外旅游统计内容与指标体系的比较借鉴；（3）中外旅游统计数据的收集与分析方法和工具的比较借鉴；（4）中外旅游统计数据收集、分析与报告质量标准的比较借鉴；（5）中外旅游统计组织体制与工作制度的比较借鉴。

五、应用价值

本课题的研究对我国旅游数据体系建设具有五个方面的重要意义：第一，提供中外旅游统计体系构建的目的、功能、理论、原则的比较借鉴；第二，提供中外旅游统计内容与指标体系的比较借鉴；第三，提供中外旅游统计数据收集与分析方法和工具的比较借鉴；第四，提供中外旅游统计数据收集、分析与报告质量标准的比较借鉴；第五，提供中外旅游统计组织体制与工作制度的比较借鉴。

签证制度对中国入境旅游需求影响分国别研究

项目主持人：福建农林大学　黄秀娟

项目批准号：17TACG005

资助金额：3 万元

起止日期：2017 年 4 月—2018 年 4 月

一、研究背景

随着国际旅游业的发展，签证便利化对出入境旅游发展产生的积极影响受到政界与学者的日益关注。世界旅游组织估计，2015 年，仅在 G20 经济体内部，签证的便利化就增加了 500 万个工作机会和 2060 亿美元收入。放宽签证成为较多国家增加入境旅游人数和国际旅游收入的重要途径。然而，由于签证政策涉及一个国家的主权、安全、移民、贸易、旅游等多个领域，一个国家必须在签证便利化的效益与成本之间进行权衡。

2010 年以来，我国入境旅游人数增长缓慢，尤其是外国人入境旅游人数增长缓慢。如何提高外国人入境旅游人数成为旅游业人士共同关注的话题。在这一背景下，课题通过定量分析，研究我国签证放宽对入境旅游影响的潜力，为政府部分制定相关政策提供依据。

二、研究方法

（1）文献检索法。我国一直没有签证相关的统计资料，相关的学术研究成果也较少。利用文献检索法对分布于原国家旅游局官网、中国驻外国使领馆等相关官网信息、期刊学术研究成果等进行分类收集。

（2）统计描述法。利用统计描述方法对我国改革开放以来签证政策的变迁特征进

行梳理、分类、统计分析，找出我国签证政策变迁的规律。

（3）多元回归分析法。建立入境旅游需求与签证便利化指数及其他变量的多元回归分析模型，从国家和省两个层次定量研究旅游签证制度对入境旅游需求的影响程度。

（4）“蒙特卡罗法”模拟法。利用该方法预测我国针对外国的签证政策变化情况下，我国入境旅游需求的增长潜力。

三、研究内容及结论

（一）中国入境签证制度变迁的现状

从签证便利化的数量、形式、期限、覆盖范围等方面对 1978 年以来出台的签证政策进行时空量化与比较。从纵向来看，我国入境签证政策的变迁呈现出三个发展阶段：（1）初创期（1978—1999 年）；（2）发展期（2000—2012 年）；（3）快速发展期（2013 年至今）。2013 年起，中国的签证体系步入了快速发展阶段。落地签证（注）便利化体系不断完善，免签证（注）便利程度大大提升。从横向来看，签证体系的便利化程度表现为：沿海＞直辖市＞边境＞内陆。此外，改革开放以来，中国入境签证体系的便利度虽然有了较大的提升，但签证体系仍存在许多不足，签证政策在数量、涉及面、质量等方面还有待进一步完善。

（二）签证政策对入境旅游需求的影响

本部分从三个层次定量分析签证政策变化对入境旅游需求的影响。

1. 基于国际层次的研究

基于旅游需求模型和 100 多个国家 2009—2017 年的年度面板数据，研究了签证便利化程度对一个国家（地区）入境旅游市场的定量影响。研究发现：（1）签证的便利化对国家（地区）的入境旅游发展具有正向影响，但其影响程度小于旅游资源水平、旅游设施水平、经济发展水平等对入境旅游市场的正向影响。（2）签证政策对入境旅游发展的边际效应与国家的经济发展水平成负相关，经济越不发达的地区签证便利化提高的边际效应越大。

2. 基于全国层次的研究

（1）签证对外国入境中国旅游需求的影响

以客源国入境中国的旅游需求为研究样本，利用 32 个客源国 2009—2015 年入境中国的短面板数据，研究了免签政策对客源国入境中国旅游需求的影响。研究发现：免签便利化程度对客源国入境中国旅游需求有积极的影响。中国每出台一个省市 48 小时以上的免签政策，相应客源国入境中国的旅游需求将增加 36.79%。

（2）签证对台胞入境大陆旅游需求的影响

以台胞入境大陆 31 个省（自治区、直辖市）的旅游需求为研究样本，利用 2000—2015 年我国 31 个省（自治区、直辖市）的面板数据，研究了签证便利度对台胞入境大陆旅游的影响。研究发现：办理一次有效来往大陆通行证、免签对台胞赴大陆旅游需求产生显著的积极影响。

3. 基于省级层次的研究

由于我国的签证政策变化在各个区域有一定的差异，以我国签证政策变化较大的省级区域北京、广东、海南为代表，定量研究了各地区签证政策变化对客源国入境旅游需求的影响。

利用 17 个客源国 2001—2016 年入境北京旅游需求数据，针对北京的研究显示，2002 年的口岸签证政策、2013 年 72 小时过境免签政策对客源国入境北京旅游的影响较小，不显著。2008 年，T3 航站楼新口岸签证办理点的启用使入境北京旅游市场的规模比政策出台前有了显著提高。

利用 16 个客源国 1997—2016 年入境广东省的旅游需求数据，针对广东的研究显示，放宽签证对客源国入境广东省的旅游需求有积极的影响。免签便利化程度得分每增加 1 分，客源国入境广东省的旅游需求将增加约 8.47%。

利用 1995—2016 年 13 个客源国入境海南省的数据，针对海南的研究显示，“免签证”政策对海南省入境旅游起一定的促进效果，2000 年海南省出台 21 国入境免签证政策，其入境旅游需求增加了约 35.48%。而 2010 年在原政策基础上新修订 26 国入境免签政策，其促进效果不显著。

（三）签证制度变化对入境旅游的影响预测

中国免签便利化程度得分每增加 1 分，相应客源国入境中国的旅游需求将增加 36.49%。根据“蒙特卡罗法”回归结果，对入境中国的外国客源市场未来的需求情况进行预测。

首先，通过对 2015 年 32 个客源国的免签便利化得分进行求和取均值，得到中国 32 个主要客源国的免签便利化程度得分平均为 13.8 分。其中，入境中国的免签便利化水平低于 13.8 的客源国共 12 个，包括蒙古、巴基斯坦、印度等。对这 12 个客源国进

行免签便利化（达到平均水平）的效果预测。结果显示，蒙古、巴基斯坦、印度、尼泊尔、斯里兰卡、吉尔吉斯斯坦的免签便利化水平从现有基础上提升至平均水平，有助于使这些客源国入境旅游需求提升 448.83%；哈萨克斯坦、挪威的免签便利化水平从现有基础上提升至平均水平，有助于使这些客源国入境旅游需求提升 441.53%；菲律宾、泰国、印度尼西亚、马来西亚的免签便利化水平从现有基础上提升至平均水平，有助于使这些客源国入境旅游需求提升 368.55%。

其次，签证便利化程度得分最高的是日本、新加坡（34.20）。同样选取免签便利化程度得分最接近 34.20 的且入境人数靠前的前 12 个客源国，包括韩国、美国、加拿大、德国、法国、意大利、荷兰、奥地利、西班牙、澳大利亚、新西兰、俄罗斯。进行免签便利化（达到最高水平）的效果预测。结果显示，除俄罗斯免签便利化水平从现有基础上提升至 34.20，有助于其入境旅游需求提升 565.60% 外，其余 11 个客源国免签便利化水平从现有基础上提升至目前最高水平，有助于使这些客源国入境旅游需求提升 529.11%。

四、创新之处

第一，首次对我国 1978 年以来的签证政策的变迁进行全面梳理分析，构建签证便利化指数，对政策变迁的时空演变进行量化与比较。

第二，建立面板回归分析模型，从国际、国家和省级三个层次对签证便利化的影响进行定量评价，研究内容、研究视角都具有创新意义。

五、应用价值

第一，对政策决策的参考价值。课题对我国 1978 年以来的签证制度变迁的全面梳理，从国际、国家、省级三个层次对签证制度影响入境旅游市场的效果的定量分析，有助于我国签证政策制定部门全面了解和掌握我国签证政策的现状，准确分析和判断签证政策改变的潜力以及签证政策改变的作用，权衡利弊，制定出适合我国国情的签证政策。

第二，对学术研究的作用。相对于其他研究领域，学术界对签证政策的研究相对较少。本课题的研究通过对签证政策重要性的分析、签证政策对入境旅游发展的作用的分析，能够激起学术在该领域的研究。

基于选择域的入境游客偏好

项目主持人：南开大学　李春晓
项目批准号：17TABG006
资助金额：3 万元
起止日期：2017 年 4 月—2018 年 4 月

一、研究背景

旅游目的地是旅游系统的核心组成部分，也是吸引旅游者来访并进行旅游消费的重要部分，而随着全球化和信息技术的飞速发展，旅游目的地的竞争现在已经上升到了国际层面。尽管我国拥有世界上最多的自然遗产和最珍贵的世界文化遗产，但是资源高级性与开发初级性矛盾的存在使得我国旅游目的地产品竞争力严重不足，阻碍了我们从旅游大国向旅游强国迈进。尤其是在国内旅游需求趋势不断攀增的情况下，入境旅游市场由于受到人民币升值、空气污染、签证等一系列因素的影响，一直呈现低迷不振的趋势，直到 2016 年的下半年才稍有回转。因此，如何提高我国旅游目的地的竞争力，以更好地吸引海外游客来中国消费，不仅成为各级旅游目的地（国家、城市、景区）亟待解决的问题，也成为值得学者们不断挖掘与思考的学术问题。

本研究以入境游客为对象，利用二手数据，分析和预测我国入境游客的市场现状及未来趋势，通过 UGC 在线评论对入境游客不同时间点的旅游偏好动态变化进行比较分析，运用扎根理论总结了影响入境游客满意度的因素，并结合选择域理论模型，构建了目的地的动态选择域模型，并以入境游客为例分析了各阶段选择域的影响因素变化。以期通过市场现状和未来趋势分析使目的地明确其未来宣传推广及营销的重点海外市场，有针对性地进行营销推广；通过入境游客体验分析促使旅游目的地管理者有针对性地进行目的地产品改进和提升措施；通过入境游客旅游选择域模型的构建为各

级旅游目的地（国家、城市、景区）了解其在入境游客心目中的定位提供指导框架。

二、研究方法

本课题以入境游客为研究对象，对入境游客进行了三个部分的研究。其中，第一个研究是利用国家旅游局的入境游客二手数据，分析我国入境游客的市场现状，并预测其未来趋势。

第二个研究选取了研究一中入境游客比较偏好的热门旅游目的地，利用 Python 语言编写网络爬虫程序，共采集了国际游客 2011—2018 年对我国三个类型景区中的 14 个热门旅游景区的英文评论，除了评论的标题之外，还采集了关于评论时间以及满意度评分等方面的信息。其中，每条评论对应一名游客，剔除掉重复评论、非英文评论以及与本研究不相关的其他评论后，共收集到评论 27157 条。对入境游客不同时间节点的旅游偏好进行分析，并结合扎根理论从 35 个初步范畴，7 个主范畴，总结了影响入境游客旅游满意度的影响因素。

第三个研究结合选择域理论模型，对 45 位单身青年游客进行了三次跟踪式访谈。每人每次访谈时间约为 30 分钟。时间分别在受访者旅行前两到三个月、临行前两周和出游后一周左右。在 45 位受访者中，有 14 人由于各种原因未能完成其旅行，因此本研究最终共获得了 31 个完整的纵向访谈样本。其中男性 14 人，女性 17 人。年龄分布情况为 18~22 岁 14 人，22~28 岁 13 人，28~34 岁 4 人。

三、研究内容及结论

（一）研究内容

（1）在我国旅游产业的综合发展、入境免签、系列旅游年活动等一系列利好政策和活动以及“一带一路”稳步发展的影响下，未来我国的入境旅游市场将会走出其“U”形谷，其市场规模将会继续持续稳固增长，同时旅游外汇收入也将继续平稳增长，在我国经济发展中做出更重要的贡献。（2）未来我国的入境客源市场结构，将继续以港澳台客源市场为主力，但是外国境外游客的数量和规模将随着时间的推移，在我国的入境市场中占据越来越多的比重。同时“一带一路”沿线国家在入境旅游市场中的活跃度将会持续上升，未来我国的旅游发展应该对“一带一路”沿线市场给予更多的关注。（3）入境游客的旅游目的地选择将会更加多样化，随着交通技术的不断进步和发展，其旅游扩散路径也将会更加灵活化和多元化。（4）入境游客群体将会更加年轻化，入境旅游方式也将会更加自助化，入境旅游的发展模式也将由过去的团队游转向更加多元、更加灵活的模式。入境游客未来也将继续以偏好我国的历史文化类型的景观和旅游目的地为主，但是对自然景观的偏好也会继续增加，且去往自然类旅游目的地进行休闲度假的动机将会进一步增强。（5）让入境游客收获更加便利的旅行服务和更高的旅行体验，如何进一步吸引更多外国游客来我国观光度假，将会成为我国入境旅游下一阶段充分参与国际竞争的工作重点。

（二）研究结论

（1）入境游客对目的地整体较为满意。但入境游客对人文类旅游目的地的满意度评价相对最高，而对人造类旅游目的地的满意度评价相对最低。入境游客对旅游目的地的偏好分别为对旅游活动的偏好、对旅游服务的偏好、对旅游吸引物的偏好以及对游览过程的偏好。入境游客在我国各类型旅游目的可从事的以及偏爱的旅游活动，随着时间的推移而变得更加多样化以及自由化，同时入境游客在观光游览的同时也通过漫步、闲逛等旅游活动来追求在我国的更加深度的旅游体验。

（2）在入境游客将我国归入其知觉域阶段，影响因素主要是一些较为抽象的属性。在入境游客将我国纳入其知觉域之后，我国才有可能在选择域初期形成阶段作为旅游目的地进入入境游客的初期考虑域、未来激活域甚至初期排除域。因为初期考虑域是旅游者在计划旅行的初期考虑作为备选项的旅游目的地，因此影响这一选择域的主要因素为旅游目的地的正面吸引性属性，除了包括影响知觉域的因素外，还包括入境游客的目前偏好情况、人际交往因素（同行者）、旅行时间以及旅行费用情况等。通过分析发现，初期拒绝域的影响因素主要包括环境及空气状况、食品安全行、语言及文化差异、国家政治交往、签证申请困难、旅游偏好、旅游设施的便利化程度及服务水平、与周边目的地国家的竞争、旅游观光亲和力低、社会环境的不稳定、旅行时间及旅行费用不足。未来激活域的影响因素包括时间、经济收入状况、环境及空气状况、国家政治交往情况等。到了选择域的后期形成阶段，旅游者就会更加从自身的目前情况出发来进行决策。后期考虑域的影响因素便包括有足够的旅行费用、足够的旅行时间、方便的交通、人际因素（同行者的情况及建议）、目的地的住宿情况、小吃、建筑特色、旅游活动及项目；后期拒绝域的影响因素包括负面新闻报道等；不可获得域包括的影响因素有突发性因素（台风、寒流以及临时出差）、旅行时间不足、交通或者住宿

预订紧张等。最终决策阶段则需要偏好、金钱、时间、交通、住宿等因素都满足。

四、创新之处

到目前为止，国内外已经有了较多关于旅游目的地决策的研究，且主要聚焦于旅游者对旅游目的地的选择偏好研究，其中揭示了影响游客决策的各类因素以及不同游客群体的偏好差异（Hsu et al.，2009；Kim et al.，2005；Agrusa et al.2011；Sparks and Pan，2009 等），且研究方式主要是单一时间点上的静态“输入—输出式”研究（Sirakaya & Woodside，2005）。而事实上，旅游决策很可能是一个长期的、动态的过程，决策行为可以发生在旅行前，旅行中或旅行后的任一阶段。且不同的时间节点上，游客的偏好总是会发生变化。然而已有的横向静态研究无法捕捉和探索游客选择过程中偏好的动态变化，以验证游客在不同决策阶段的不同偏好。因此，越来越多的学者呼吁聚焦旅游目的地选择过程中游客偏好的动态挖掘与探索（Dellaert et al.，2014；McCabe et al.，2016）。而选择域理论模型则为旅游偏好的动态研究提供了合理的研究框架。但是通过文献调研发现，直到近几年，国外顶级的旅游学术期刊上才开始出现基于选择域理论的旅游目的地决策实证研究（Decrop，2010；Karl et al.，2016），而国内目前还没有相关的实证研究。本研究首次通过引入选择域动态决策模型，深入挖掘和探索了入境游客在不同决策阶段的偏好变化及影响因素。为我国旅游目的地产品设计及精准营销提供了有价值的参考。

五、应用价值

研究结果不仅具有理论价值，而且对旅游目的地产品开发和营销实践也有着诸多启示。基于此本课题现提出如下产品和宣传建议，为我国各旅游目的地的入境旅游发展提供指导。具体建议如下：

（1）利用政策利好，灵活合理开发旅游购物产品以及短期入境旅游产品。进一步扩大我国短期入境旅游的市场规模，促进旅游外汇收入的增长。发挥海上丝绸之路在入境旅游中的作用，开发专属“一带一路”沿线国家的文化旅游产品、美食体验以及系列旅游年活动，努力推进“一带一路”国际旅游品牌的建设。

（2）灵活掌握入境游客旅游流扩散路径的趋势，开发差异化的旅游产品入境游客的目的地选择具有多样化，经历了地域性显著到弱化的转变。除了选择北京、上海、

广州、桂林等热点旅游城市外，也越来越向新兴的旅游城市，而入境游客的旅游流扩散路径虽然更趋多样化，但是旅游目的却仍以观光为主，因此我国的各旅游目的地应该转变“门票经济”的思路，开发差异化的旅游产品，充分利用我国的文化与独特自然风光的优势，并结合现代信息以及高科技技术，如开发4D旅游体验馆等，将文化与自然风光活化，加深入境游客对我国文化与自然风光的理解和体验，提高入境游客的旅游满意度。

（3）在旅游目的地定位和服务改进方面，选择域模型的构建可以使旅游目的地管理者更准确地了解自身在旅游者心目中的位置，也为目的地形象提升和服务改进的优先顺序提供了指引框架。比如，旅行费用是目的地成为未来激活域的影响因素。那么，对于处在未来激活域的目的地来说，提供价格促销和强调性价比的营销宣传将会更加有效。而对于许多本身资源条件并不优越的替代域旅游目的地，则可以通过类比自身与其他目的地资源的同质性来突出宣传自己的距离优势和价格优势。

（4）在动态营销方面，本课题的发现为旅游经营者根据不同的时间节点来选择恰当的营销策略提供了参考。大多数旅游者会在同一时间考虑多个目的地，这些目的地可能不只是本次旅游计划的地方，还包括他们未来想去的地方。旅游经营者若能进一步掌握旅游者未安排这些地方的真正原因，则一方面可以在旅游者再度激活这些选项时及时介入，另一方面可以为旅游者创造提前满足某些条件的机会。比如，可对因支付能力而未能成行的游客，在未来采取“最后一分钟低价甩团”活动或是及时推送旅游目的地举办的优惠活动信息等营销策略。此外，当距离游客预计的出行时间较远时，旅行社可相应增加推荐的旅游目的地数量，侧重于强调旅游目的地的吸引属性。而当时间距离较近时，要强调旅游目的地的便利性和可得性。

国家和地方旅游数据中心建设

——基于旅游基础数据编码及共享交换的理论体系及实践研究

项目主持人：成都中科大旗软件有限公司　周道华

项目批准号：17TABG007

资助金额：3 万元

起止日期：2017 年 4 月—2018 年 4 月

一、研究背景

2017 年全球旅游总人数继续快速增长，达到全球人口总规模的 1.6 倍。全球范围内，参与旅游的群体不断扩大，旅游消费已然成为全球民众的重要生活方式。全球旅游经济进入快速增长期，旅游消费水平不断提高。然而我国旅游统计体系长期缺失，严重滞后于国家旅游发展战略，旅游统计数据也无法与国际接轨。为满足新时代旅游业快速发展过程中对旅游数据的需求，我国各地已开始陆续建立国家—省（直辖市、新疆生产建设兵团）—市（州）—县（区）—景区五级联动的旅游数据中心，2017 年我国经地方编办批复或认定正式成立的省级地方数据中心有 8 个，还有很多市、县、景区也已建立了旅游数据中心。这些旅游数据中心为各级旅游管理部门和涉旅企业提供了旅游行业监管、数据分析与预测、精准营销与服务、招商引资与产业发展等信息服务与数据支撑。但相比国外发达地区，我国的旅游数据中心建设起步较晚，各地建设水平亦参差不齐，为解决各地数据中心建设过程中标准规范缺失的问题，本文对旅游基础数据编码及共享交换的理论体系进行了深入研究及科学实践。

二、研究方法

（一）文献法

课题组通过对国内外旅游数据相关网站（原国家旅游局、中国旅游研究院、腾讯、阿里、百度、携程、谷歌及相关旅游网站等）、涉旅行业网站（移动、电信、联通三大运营商网站，公安、交通、气象、环保等涉旅网站）及相关学术网站（中国社会科学网等）的相关资料进行检索和整理，对国内外旅游数据中心的相关标准、数据中心功能、技术开发手段及数据应用服务等相关课题文献进行了全面深入研究。

（二）田野调查法

通过对互联网信息、图书和论文期刊等资料进行搜集整理，掌握了较为全面的二手资料，在此基础上还需要对国家和地方数据中心进行实地调研，以获取一手资料对研究内容进行补充完善和验证。

实地调研时间为 2017 年 6—8 月，课题组成员在全国范围内筛选已经建立和正在建立的各级旅游数据中心，在国家—省—市—县—景区五级调查范围内选择具有战略高度、龙头示范、技术先进或模式创新等选型要素的优秀案例，进行深入调研。课题组对 1 个原国家旅游局数据中心、3 个省（直辖市）旅游数据中心、5 个市（州）旅游数据中心、3 个县（区）旅游数据中心、5 个景区旅游数据中心进行实地调研，了解建设现状和发展思路，为后期访谈调研提供了大量客观依据。

（三）访谈法

在前期实地调研的基础上，课题组于 2017 年 9—11 月期间开展了深入的访谈调研。通过电话访谈、社交平台访谈以及实地现场访谈等方式，与各地数据中心建设相关的管理人员和工作人员就旅游数据中心建设、运营和维护过程中面临的问题和需求进行了交流，总结归纳了旅游数据中心建设过程中亟待解决的共性问题和未来发展需要落实的重点任务。

三、研究内容及结论

（一）研究内容

课题探讨了基于旅游基础数据编码及共享交换的理论体系、实践方法和标准规范，为旅游基础服务数据、旅游公共服务数据、旅游业务管理数据等旅游基础数据的编码方法提出了可行的标准；为实现涉旅数据共享交换提出了基于多源异构数据融合技术、基于 Hadoop 架构的大数据分析与人工智能等创新技术，实现了理论创新与技术实践的有机结合。同时，为了更好地将理论方法与应用实践相互结合、相互推动，课题组对原国家旅游局数据中心、四川省旅游数据中心、阿坝州旅游数据中心进行了系统的研究，对案例的建设任务、建设内容、建设成效及创新之处进行了归纳总结，通过对国家—省—市（州）三个层面旅游数据中心的建设目标和工作重心不同之处的研究，提出了适合各级旅游数据中心的建设思路。

（二）研究结论

当代旅游是以科学理论为基础，以统计方法和大数据为支撑进行系统研究和战略决策的新型经济活动。旅游经济的宏观调控和微观监管是以专业统计和数据分析为基础的，通过对旅游经济运行体系进行数据量化、全息画像和多元透视，为旅游业的发展提供了科学有效的决策依据。本研究构建的统一旅游基础数据编目体系、基础数据编码规范和涉旅数据的共享交换体系，可用于指导国家和地方旅游数据中心数据业务系统改造和新系统开发迭代，并为其他相关信息化领域建设研究提供借鉴。

课题组调查的案例覆盖面还略显不足，如在时间、人力、物力、财力均有充足的保障下，能够扩大调查范围，运用多手段、多方式进行对比分析，使案例分析结论更加具有科学性和说服力。

旅游数据中心是一项复杂的系统工程，它涉及通信网络、系统集成、信息安全、数据库、数据挖掘、标准规范等信息工程领域的各个方面。由于篇幅所限，本文重点探讨国家和地方旅游数据中心建设中基于旅游基础数据编码及共享交换体系的研究，并选取数据编码、共享交换这两个核心分别提出设计思路和实现方法，对于旅游数据中心的数据采集、数据清洗、数据挖掘、数据应用、数据安全等领域的研究将在后期逐步深入探索与实践，并期待能对其他行业数据中心的建设起到抛砖引玉的示范作用。

四、创新之处

为了解决旅游数据中心基础数据编码、采集、接入、共享交换和分析决策的需要，实现数据整合和异构系统之间的数据互通，为旅游管理、营销和服务实现数据赋能，本课题创新提出了两项数据规范和两项关键技术。

（一）数据规范

1. 旅游基础数据编码规范

按照信息资源规划理论，参考原国家旅游局涉旅信息分类标准，采用面向对象和事件的分类方法对数据内容进行重新归类，并进行汇总和融合，分为旅游基础服务数据、旅游公共服务数据、旅游业务管理数据、旅游运营数据、旅游媒体数据、互联网抓取数据、旅游电商数据七个层次，得到系统所需数据 25 个大类 115 个子类。

涉旅信息采集标准是要完成全国旅游要素基础数据项的采集，采集内容包括但不局限于：包括景区、度假地、住宿设施、旅游服务企业、交通（航空、航运、公路、高铁、铁路等）、共享单车（汽车等）、保险、银行与非银行支付等相关信息数据。针对符合旅游基础数据编目体系的数据源，通过接口调用等形式进行数据采集；针对不同标准规范的应用系统，采用 ETL、网络爬虫等工具进行数据采集。

2. 旅游基础数据共享交换规范

利用数据交换平台提供的基础服务建立一个数据交换环境，通过对数据转换和传输过程的集中统一控制和规范管理，以多种数据共享交换方式实现省级、市级委办局之间的数据共享与业务协同，为跨部门的应用提供支撑。平台可实现多种信息资源的交换和共享，包括文件交换，数据库数据交换，事件驱动、请求 / 响应和发布 / 订阅等多种方式。同时通过数据采集、数据预处理、数据转换、数据清洗、数据存储五个重要步骤实现了旅游数据整合。

（二）关键技术

1. 基于多源异构数据融合技术

旅游数据在多源的集成过程中，每个数据源往往由特定的应用程序创建、配置、维护，以满足特定的服务需求，因此和这些数据源相关的数据管理系统、采用的数据模型、数据模式的设计和实际数据等各个方面都存在很大程度的异构性。基于多源机构数据的融合技术，主要有数据的清理、集成、编码四个流程来提高数据质量。数据

清理主要通过 ETL（Extract–Transform–Load）工具对数据遗漏值处理（缺少感兴趣的属性）、噪声数据处理（数据中存在着错误或偏离期望值的数据）、不一致数据处理；数据集成利用 Nested loop Jion、multi–PassSorted–neighborhood（mPn）以及 Neighbor joining 等算法识别重复数据，将多个数据源中的数据合并存放到一个一致的数据存储库中；数据编码对标准的数据进行编目编码，实现基础数据一对多（一个基础资源对应多个数据源）。

2. 基于 Hadoop 架构的大数据分析与人工智能技术

利用旅游行业的海量数据，基于大数据应用平台 Hadoop 架构，Hadoop 的体系结构主要是通过 HDFS 来实现对分布式存储的底层支持，并通过 MapReduce 来实现对分布式并行任务处理的程序支持 HDFS 和 MapReduce 共同组成 Hadoop 分布式系统体系结构的核心。HDFS 在集群上实现了分布式文件系统，MapReduce 在集群上实现了分布式计算和任务处理。HDFS 在 MapReduce 任务处理过程中提供了文件操作和存储等支持，MapReduce 在 HDFS 的基础上实现了任务的分发、跟踪、执行等工作，并收集结果，二者相互作用，完成分布式集群的主要任务。Hadoop 架构实行分布式文件存储及管理，通过高数据吞吐量的方式访问旅游综合数据管理平台，从而满足旅游行业中超大数据集的运算要求，支持多维度客源地分析、实现精准旅游舆情分析、旅游目的地、景区、游客三级旅游画像、多级旅游画像分析，为游客、旅游管理部门、商户的决策提供数据支撑，针对性地制订营销方案，实现精准营销。

五、应用价值

本课题研究成果可以为国家—省—市（州）三级层面旅游数据中心项目的建设提供建设思路和指导方法，对各地旅游数据中心建设项目后期实施提供意见和建议。旅游数据中心建成后，能够支持跨部门、地域、层级旅游信息共享，本课题研究的数据编码及共享交换体系能够缩短数据采集、编目、清洗等环节所需的工作时间，帮助管理者迅速得到最科学准确的实时数据，提升旅游管理部门的市场监管效率。同时也能够在短时间内迅速根据游客的偏好分析提供基于大数据分析的旅游产业信息服务以及基于大数据信息推荐服务，间接提升游客满意度，提升当地游客接待能力。

城市旅游非正规就业的形成机制与空间异质性研究

——以广州市为例

项目主持人：华南农业大学　林敏慧

项目批准号：17TAAG008
资助金额：3 万元
起止日期：2017 年 4 月—2018 年 4 月

一、研究背景

国际劳工组织于 1972 年最先将非正规部门界定为未经政府承认和不受政府管制的经济部门。而非正规就业概念相对于非正规部门更为广泛，指雇佣关系非正式、未进入政府监管和征税体系、就业性质和就业效果处于边缘地位和低层次的劳动就业。在旅游业中，非正规部门占有相当大的比重，结合《中国劳动统计年鉴》及《中国旅游统计公报》的数据可知，我国的非正规就业人数一直保持一个增长的势头，到 2011 年达 1.36 亿人，其中旅游非正规就业人数为 2040.04 万，乘数效应达到 9.98，远远超过旅游正规就业。非正规就业对我国旅游发展、经济发展以及解决就业问题有着重大意义。但目前的大部分旅游研究只是把注意力放在了旅游正规部门的就业及其拉动效应上，而忽视了旅游非正规部门的就业。目前我国主要存在两种非正规就业模式，一种是政府通过建立非正规就业劳动组织来提供就业机会的组织模式，另外一种是市场自发型非正规就业模式，而后者的就业行为往往与城市的管理存在矛盾。对旅游非正规就业到底应该采取什么样的管制措施至今仍然是一个争议性的热点话题。要解决这个问题则首先要了解旅游非正规就业的发展形成机制以及它们在不同的空间类型所凸显的特征差异。

广州作为国际化大都市以及我国的重要旅游城市，城市化率高达 86.14%（广州市统计局，2018），大城市的就业机会吸引了大量外来务工人员，其中就包括大量从事非正规就业的人员，大量流动摊贩的存在使得广州有着“走鬼之都”的戏称。而在 2017 年世界旅游业理事会发布的“全球发展最快的 10 个旅游城市”中广州排第二，可见广州市城市旅游发展迅速，城市旅游的发展也带来了大量的旅游非正规就业机会，城市、旅游空间、非正规就业者三者是如何叠加在一起并最终形成旅游非正规就业的局面，以及这种叠加的内在逻辑和空间性是如何体现的，本课题选择广州市作为案例地对以上问题进行研究具有典型意义。

本课题以广州为案例地，重点研究两个问题：①城市旅游非正规就业的形成机制或发展动力。这个问题涉及如何全面和正确认识非正规就业对现阶段城市旅游发展的意义。②非正规就业在不同类型旅游空间的集聚原因和特征表达。这个问题涉及如何辨识旅游非正规就业的空间异质性并探寻背后的原因。通过对上述问题的研究，本课题试图阐明国际现有的非正规就业理论对我国城市旅游的适用性。课题的开展可以丰富国内外非正规就业的研究内容，拓展我国城市旅游关于社区参与、旅游规制、旅游空间结构等方面的研究，为城市制定合理的旅游非正规就业发展和空间调控政策提供科学依据。

二、研究方法

本课题使用深度访谈和文本分析的质性方法分析结构性因素与非正规就业形成之间的关系，使用定量方法测度个体性因素对非正规就业形成的影响。采用一个随机效应的 Logit 模型来测度个体特征因素对劳动者选择旅游非正规就业的影响。最后，结合定性和定量分析结果，对形成机制进行综合分析和概括。

另外，课题还采用深度访谈、地图标注和 GIS 手段等方法分析不同要素对每一类空间集聚产生的影响，进而通过归纳法和比较法总结一般的空间集聚机制及特征。

而在对政府政策和管理的研究方面，则主要以文献资料、统计资料、问卷调查、访谈等数据进行规范分析，同时也结合政府的各类政策文件、实地调研的各类定性数据进行政策分析，以提高研究的可应用操作性。

三、研究内容及结论

本课题的研究内容主要包括六个部分，简介如下：

（1）旅游非正规就业的理论综述与研究启示。该部分主要探讨旅游非正规就业的含义、基本特征及相关理论。通过对已有研究进行总结，厘清旅游非正规就业相关概念，对其特征、形成的有关影响因素、社会经济影响及对个体影响等进行清晰认识，在此基础上对未来研究进行展望。

（2）广州市城市旅游非正规就业的发展历程与管制特征。该部分主要对广州市城市非正规就业的管制政策演变历程进行梳理，总结广州市城市旅游非正规就业的管制模式、演变规律及相应效果，最后对缓解旅游非正规就业与城市管理冲突的政策进行建议。

（3）城市标志性公共空间、城市主题公园周边、城市风景区周边、城市 RBD 周边、城市展会空间等五类典型城市旅游空间的非正规就业的集聚与形成过程研究。该部分是本课题的主体部分。主要以广州塔、花城广场、长隆主题乐园、白云山、大夫山、上下九和北京路商业游憩区、琶洲会展中心等作为研究的案例地，在对相关文献进行梳理的基础上，通过非参与式观察、深度访谈、问卷调查等方法，探析空间条件、劳动供给、管制环境、劳动需求、社会关系这五大要素对案例地非正规就业形成的影响及要素间的相互作用关系，总结归纳出不同类型城市旅游空间非正规就业的集聚与空间管制特征。

（4）城市旅游非正规就业公众感知情况调查研究。该部分在关于五大旅游空间类型非正规就业集聚与形成过程研究基础上，探讨社会公众，主要包括居民及游客对城市旅游非正规就业的感知情况。从公众的角度出发，以深度访谈法为主，探究公众对摊贩和管理人员的态度，及总结居民与游客的态度差异，分析摊贩—公众—管理人员三者的利益关系，以及他们三者之间如通过博弈而进行有效的空间竞争活动。

（5）广州市城市旅游非正规就业的管制特征和政策建议。该部分在广州市城市旅游非正规就业的发展历程与管制特征及五大旅游空间类型非正规就业集聚与形成过程研究的基础上，对广州市旅游空间的管制与疏导实践进行探讨。对不同旅游空间中的非正规就业管制结构及旅游非正规就业者与管制人员的博弈机制进行归纳，并对不同类型管制结构其管制与疏导效果进行评估，总结出广州市旅游空间内的非正规就业管制措施的特点，以及这些管制措施的效果和存在的问题，为城市旅游非正规就业的管理提供有益的参考。

（6）总结部分——广州市城市旅游非正规就业的集聚与空间异质性研究。在前 5 个部分研究的基础上，通过运用 SPSS 对问卷数据进行描述性统计总结出城市旅游非正规就业群体的人口统计学特征、从业特征及时空行为特征，通过对深度访谈材料进行

整理、筛选、提炼、编码总结出社会经济环境、旅游地吸引力、个体层面内外部三层面因素对非正规就业者进入旅游非正规就业的影响，建立城市旅游非正规就业形成机制模型，总结五大旅游空间类型非正规就业特征，并对国际相关非正规就业的相关理论进行回应。

本课题的研究结论主要体现在以下几个大的方面：

（1）在人口统计学特征上，城市旅游非正规就业人员以中青年人为主，性别差异不大，农村人口占大多数，学历普遍偏低，但也存在追求生活体验的高学历者；在从业特征上，为游客提供购物服务的就业者占多数，从业身份包括长期全职者、长期兼职者及临时兼职者，从业时间长者占多数，收入较为稳定；在时空特征上，旅游非正规就业流动性强，就业时间及地点灵活。

（2）社会经济环境的拉动以及非正规就业者个体层面的推动，加上城市旅游空间的吸引力，共同促进了广州市城市旅游非正规就业的形成。社会经济环境包括大城市的机会与限制、社会关系网络及网络信息技术等，个体层面因素包括从业者的家庭需求与个人追求，而旅游地的吸引力则主要体现在庞大的消费市场、优越的区位空间、管制的灰色地带以及不同类型景区的功能特性。

（3）不同的旅游空间其非正规就业所选择的空间集聚方式、经营类型都不同，这些异质性主要是由旅游空间的区位和类型、周边社会经济环境、管制方式以及游客需求所决定的。

从课题的实际调研中发现的问题来看，有以下四个主要问题：

（1）跨区域跨部门合作管制机制并未建立，部分具有多重熟悉的空间管制赋权不明。非正规就业者抓住管制的灰色空间而擅长与管制人员打“游击战”，大大增加了管理成本。

（2）原本作为广州非正规就业一项“创举”的疏导区设置在旅游空间中偏离初衷，主要体现为申请手续烦琐、经营成本高、选址困难、区内安全得不到保障等。

（3）旅游空间内部正规的商业部门所售卖商品价格过高，种类过少，不具备特色以及分布不合理使得游客对非正规就业有大量的需求。

（4）严厉的管制并不能彻底解决非正规就业问题，首先对于旅游非正规就业群体来说这是赖以生存的工作，在年龄、学历、技能等方面限制下已难以转变，只能采取灵活的对策（包括商品选择、空间策略、群体互助等）来应对管制；其次对于游客来说，旅游空间中正规商品部门并无法全面满足其消费需求，对非正规就业严格的管控只会使其降低对城市旅游空间的满意度，反过来，过度泛滥的非正规就业以及不合理的竞争机制也会贬损城市的旅游形象。

四、创新之处

课题的创新之处体现在研究问题的选择与理论创新。关于城市旅游非正规就业的形成是目前在国际学术界存在广泛争论的热点问题，课题试图从结构性和个体性因素两个层面进行探索，回应国际学术界的理论争论并凸显城市旅游非正规就业的特殊性。关于城市旅游非正规就业的空间异质性，国内外学界尚缺少专门的研究，本课题在对空间分类的基础上，通过典型案例研究解释旅游非正规就业在不同空间类型发生集聚的原因和特征，能够拓展旅游地理学关于城市旅游空间及非正规就业的研究。

五、应用价值

本课题的研究揭示了不同类型旅游非正规就业在城市空间的形成机理及集聚特征，对不同旅游空间中的非正规就业管制结构及旅游非正规就业者与管制人员的博弈机制进行归纳，并对不同类型管制结构的管制与疏导效果进行评估，总结出广州市旅游空间内的非正规就业管制措施的特点，以及这些管制措施的效果和存在的问题。本课题对于城市政府针对不同类型的旅游空间采取差别化的引导和管制政策具有一定的实践指导意义。

新时期旅行社业线上线下融合发展研究

项目主持人：上海商学院　邹光勇

项目批准号：17TABG009
资助金额：3 万元
起止日期：2017 年 4 月—2018 年 4 月

一、研究背景

2015 年 9 月，原国家旅游局下发《关于实施“旅游 + 互联网”行动计划的通知》（征求意见稿）（以下简称《通知》），《通知》提出：到 2020 年，互联网成为我国旅游业创新发展的主要动力和重要支撑。随后，原国家旅游局局长李金早讲话指出：未来五年，我国旅游和互联网的融合发展，将催生一大批新技术、新服务、新业态和新模式。我国在线旅游企业（或“在线旅行平台”，简称“平台”）也已成为旅游供应商的重要销售推广平台。其产生与发展既增加了传统旅行社销售量，同时给旅游消费者带来了便利和价值增值。在线旅游产品与服务也从搜索引擎升级到“机 + 酒”，再到游记分享、团购与点评，直至自由行与定制旅游以及差旅管理和户外旅游市场等，旅行社边界由此在扩大。

与此同时，在线旅游企业对旅游供应商（旅行社、酒店、景区等）的控价能力在增强，由此旅行社不得不做专做强，也导致我国旅行社由大而全的横向分工走向纵向分工时代。此外，传统旅行社在不断增强自媒体在内的线上功能以及加大网站投资，或者争取目的地景区经营代理权从而利用景区和目的地知名度和信任度来反向拓展线上销售市场等。有些传统旅行社通过与在线旅游企业合作来深耕自己的服务优势和客户资源优势，走出错位发展之路。同时，自身物质资本也在不断深化以提升劳动生产率，尤其是自助设施改进及信息化提升。如今传统旅行社与在线旅游企业形成了线上线下相互融合发展态势，而这也已经是国外近十多年来旅行社业发展的重要特征。在线旅行业在迅速发展的同时，旅游供应商与平台的矛盾以及平台之间的竞争程度也都在加剧。在2012年到2015年7月期间，低价竞争甚至呈现出愈演愈烈之态，并逐步引发了产业链矛盾关系。

二、研究方法

本研究主要使用归纳推理与统计分析研究方法提出相关现象及典型问题；使用评价性研究、理论研究分析旅行社业的线上线下融合现状；使用文献梳理研究方法对基本概念进行界定，对相关理论进行述评。运用理论研究方法、追踪观察研究方法，对旅行社业的线上线下融合主要问题及相关配套支撑进行诊断。结合理论研究方法与归纳推理方法，分析旅行社业体系结构及融合的理想分类模式。运用案例分析、统计分析研究方法，进行理论检验。运用理论研究方法、归纳推理和演绎推理等相结合的方法，对政策路径及行业对策进行研究。

三、研究内容及结论

（一）主要内容

（1）梳理与总结了旅行社线上线下融合发展现状以及理论研究进展，尤其调研与座谈了20多家旅行社高管（总经理为主）。基本了解与总结出了我国目前旅行社线上线下发展的现状、竞合状况以及融合的主要问题。重点聚焦在经营模式、定价、信任关系、员工知识以及组织结构协调等。

（2）研究了线上线下融合的必要性。总结了在线旅游企业特征与旅游产业链协调；提出了基于价格协调下的旅游产业链线上线下融合模型；提出了基于在线旅游企业自身利润最大化下的产业链融合模型；并根据上述两种分类与经济模型在多案例嵌入式研究支撑上得出研究结果。在融合思路的研究中，我们也融合产业经济专家、互联网研究专家的一些意见。

（3）研究旅游消费者的个性化、便利化和集成化特点以及旅行社供给模块化与集成化趋势，首先建立了相关分类系统，然后经过课题组内部以及课题组与实业界专家多次讨论以及相关确认与修改，最终在此基础上提出了七大模式；其次研究并提出智

能互联生产服务与个性化消费时代下的中国未来旅行社的信息流通、服务提供与产品分工体系的发展趋势以及旅行社线上线下产品体系相互关系及其运作模式；最后围绕典型经营模式，重点构建新的客户价值链分工体系，并提炼出不同于传统的批零分工或横向分工体系，以此提炼出模块化、网络化的产业与产品分工之策。

（4）研究旅游消费者价值链、在线旅游价值链以及配套链的逻辑关系与协调方式，在课题组的前期研究积累以及海量的文献翻阅基础上，研究并提出旅行社线上线下融合的政策规制原则与方向。配套价值链尤其是信息流通体系的构建研究借鉴阿里巴巴等典型企业。重点研究在线旅行平台的双边规律，基于平台发展规律对现有的旅行社线上线下矛盾关系的规制政策提出改进原则与方法。此外，基于产业链及纵向控制视角，提出旅行社线上线下产品融合等方面的整体思路与激励政策，涉及整个产业链内各利益主体之间的协调发展尤其是产品与信息协调问题，同时包括基于现有规制政策基础上的深入调研以及政策建议的预评估。

（二）研究结论

我国旅行社业发展的新时期从旅游需求来讲主要表现在：旅游意愿个性化、旅游方式便利化与旅游预订集成化；从旅游供给来讲则主要出现旅行社业发展的模块化与集成化趋势。新时期下的线上线下融合是旅行社业发展的重要特征和未来发展趋势。对在线旅游企业来说，其自身的双边特征和盈利需求决定了其必须积极寻求线上平台向线下扩张的机会；对传统线下旅行社来说，在线旅行双边市场的基本特征与发展趋势同样决定了其必须融合线上技术，通过物质资本的不断深化来提升劳动生产率，尤其是自助设施改进及信息化提升，以便做好信息化时代的应对策略。与此同时，我国旅行社业的线上线下融合问题主要有：在线旅游企业线下融合中出现经营模式与组织结构及员工知识等在线下扩张中难以凸显优势、旅游定价隐性化以及旅游消费者信任程度不强等；传统旅行社线上融合则存在价格体系与定价权及会员制度等受到挑战、电商渠道业务没有与传统渠道业务同时发展、融合中的信任感、供应商业绩、不协调性、信息安全、组织结构冲突、员工知识欠缺等。

本研究总结出新时期旅行社业的线上线下融合七种典型模式，即在线旅行综合平台服务集成式模式、在线垂直平台服务专业化或“专业化 +”模式、在线内容生成平台点评式模式、在线分享经济平台度假租赁模式、景区整合区域点模式、政府或行业协会整合区域块模式以及传统旅行社线上多渠道嵌入式模式。然后，本研究以阿里巴巴集团为案例研究基础，提出了在线旅行平台为枢纽来整合产业链的新时期旅行社业的线上线下融合整体思路，并同时提出了传统旅行社业 + 互联网来实现业态升级的重点做法。

在上述研究基础上，本研究提出了促进旅行社业的线上线下融合发展六点政策建议，即促进不同类型在线旅行平台公平竞争，有效发挥行业协会作用，政府对线上平台应采取差异性的规制措施，推进电子发票与在线支付等手段普及性应用，保护消费者隐私和支付安全以及线上线下融合业务的责任界定与明确平台投诉处理责任。本研究的主要创新之处在于提出：大规模定制化时代下的我国旅行社业体系构造以及双边市场下的旅行社线上线下融合政策规制原则与方向。

四、创新之处

伴随着大规模定制化时代的渐趋到来，旅游产业链的整合已经由规模化、专业化走向网络化的知识型整合阶段。在此前提下，创新之处有以下三点。

第一，在线旅行双边平台作为旅游产业链链主以及旅行社的中央枢纽这一地位，是时代所赋予的必然结果。旅行社的线上线下融合是在线旅行平台或大型旅游供应商领导下的产业链整合，而在线旅行平台主导下的协调其本质就是市场协调，互联网背景下的市场协调有着不同于传统市场的双边特点，政策规制需要在新形势下做出变革，此外市场力量加强的同时是市场成熟与政府行政垄断渐趋退出的结果。

第二，链主整合下的传统旅行社需要在加强旅行社协会的自律力量与制度建设前提下，在信息化平台对接、产品模块化与特色化、组织结构扁平化、员工知识复合型与诚信体系建设等方面做好深入融合与变革。而传统中小旅行社的压缩与整编是新时期下的难题，这也是时代发展的必然规律。

第三，在线旅行双边平台的价格协调有着互联网时代下的显著特点，相关法律的“非正当定价”需要做出新解释，政策规制需更为审慎，政策规制原则与方法更具有技术性。

五、应用价值

为在线旅行平台的投资并购行为监管，对于涉嫌垄断以及损害中小旅游供应商的做法，以及掠夺定价界定、霸王条款与隐含搭售等问题，与线上线下融合业务的责任界定与相关投诉处理等的管制重点提供政策做法。

为行业协会的在线旅行平台标准制定、仲裁及违规处罚等权力如何界定提供启示。呼吁电子发票的推广与电子支付手段的普及性应用与消费者隐私的保护与支付安全的保护（此条已基本实现）。此外，有利于找到传统旅行社的差异化竞争定位以提升其转型与获益能力。

旅游秩序治理法治化视野下的旅游不文明行为记录制度研究

项目主持人：湖南师范大学　朱兵强

项目批准号：17TAAG010
资助金额：3 万元
起止日期：2017 年 4 月—2018 年 4 月

一、研究背景

近年来，法治中国与信用中国成为国家与社会建设中的重要课题。原国家旅游局出台《旅游不文明行为记录管理暂行办法》（以下简称《办法》）等规范性文件，试图通过信用惩戒的方式治理旅游不文明行为，规范旅游秩序。然而，信用惩戒作为一项新型治理手段，在法律性质、治理合法性上还存在一些问题，本课题从旅游不文明行为记录的行为性质入手，分析了旅游不文明行为记录的合法性，最后提出旅游不文明行为记录制度合法化的建议。

二、研究方法

在研究方法上，本项目在既有概念分析、价值分析基础上，着重采用规范分析、比较分析与实证分析，以揭示我国旅游不文明行为记录制度的法律问题，提出合理可行的法治化建议。

三、研究内容及结论

（一）主要研究内容

1. 关于旅游不文明行为记录基础理论的研究

（1）旅游不文明行为记录内涵的界定

本研究从旅游不文明行为的记录主体、记录对象与记录内容三个方面对旅游不文明行为记录做了界定。

（2）旅游不文明行为记录特征的分析

第一，旅游不文明行为记录具有行为上的多样性。根据《办法》，旅游不文明行为记录由旅游不文明行为的调查核实、报告、评审、记录、公布以及旅游不文明行为记录的缩短、消除等构成。第二，旅游不文明行为记录具有结果上的制裁性。旅游不文明行为记录的制裁性主要是一种声誉制裁，也可能带来资格限制，可能会导致旅游从业人员在就业与经营中受到限制。第三，旅游不文明行为记录具有评价上的道德性。旅游不文明行为除了违法犯罪行为外，还包含大量违反道德的行为。

2. 关于旅游不文明行为记录现状的分析

（1）旅游不文明行为记录规范的梳理

第一，梳理了旅游法规范当中有关旅游不文明行为记录的规定，《旅游法》中涉及旅游不文明行为的规定主要有第五条、第十三条和第一百零八条。第二，在地方立法当中，也有涉及旅游不文明行为的规范，如《〈旅游法〉湖南省实施办法》第三十条、三十一条与三十二条及北京、上海与广东等地方关于旅游不文明行为记录的地方性规定。

（2）旅游不文明行为记录的实证分析

对文化和旅游部网站公布的 31 起旅游不文明行为记录做了梳理，从旅游不文明行为记录的主体、信息内容、记录理由与记录依据以及记录期限等方面进行了统计与分析，初步掌握了实践中旅游不文明行为记录的主要内容。

3. 关于当前我国旅游不文明行为记录制度存在的问题的分析

第一，我国现有旅游不文明行为记录制度并未通过立法程序设定，存在合法性不足的缺陷；第二，联合惩戒存在过度侵权的风险，相对人被纳入旅游不文明行为记录后，又可能被通报有关机关而再次受到资格限制等制裁，有违反“一事不再罚”的嫌疑；第三，旅游不文明行为记录形成后，缺乏有效的外部监督与救济机制，如缺乏严格的审核监督机制、公开和缜密的程序认定机制以及完备的法律救济机制。

4. 关于旅游不文明行为记录立法规范的研究

（1）关于旅游不文明行为记录制度合法性的考察

《办法》不是部门规章，不具有法律效力，仅仅是一种行政规范性文件。原国家旅游局作为国务院直属机构具有规章的制定权。但规章制定要遵循法定程序。根据《规章制定程序条例》的规定，规章的制定要经过立项、起草、审查、决定、公布等环节。根据《立法法》的规定，部门规章应当经部务会议或者委员会会议决定。《立法法》也规定，制定部门规章应当经部务会议或者委员会会议决定，由部门首长签署命令予以公布。部门规章签署公布后，及时在国务院公报或者部门公报和中国政府法制信息网以及在全国范围内发行的报纸上刊载。《办法》的出台并未依据《立法法》及有关法律规定的规章制定程序制定，因此并不属于部门规章。

（2）关于旅游不文明行为记录法治化具体问题的研究

旅游不文明行为记录对公民的权利义务既有较强的影响，有可能侵害公民的权益。应然层面上的旅游不文明行为记录应当实现法治化的要求。旅游不文明行为记录制度的法治化主要包括三个方面的内容，一是明确旅游不文明行为记录的行为性质，二是分析旅游不文明行为记录法治化的路径，三是对旅游不文明行为记录行为的运作进行必要的法律规制。

（二）研究结论

1. 旅游不文明行为记录是一种行政行为

从旅游不文明行为记录的主体看，国务院旅游主管部门建立全国“旅游不文明行为记录”，省级旅游行政主管部门可设立本行政区域内的“旅游不文明行为记录”。旅游不文明行为记录是行政机关做出的行政管理行为，从行为的性质看，旅游不文明行为记录是运用了行政职权做出的行为，即有关主体利用其监督管理旅游市场的职权，其性质当属行政行为无疑。

2. 当前的旅游不文明行为记录不是行政处罚

如前所析，《办法》不具有法律效力，而根据《行政处罚法》等相关法律的规定，有权设定行政处罚的规范性文件只包括法律、行政法规、地方性法规与规章。显然，《办法》并不属于其中任何一种，因此，以合法性依据来检视，旅游不文明行为记录作为一种行政处罚是没有法律依据的。

3. 应然层面上的旅游不文明行为记录应作为行政处罚看待

旅游不文明行为记录属于行政处罚。旅游不文明行为记录是国务院旅游主管部门、省级旅游行政管理机关作出的行政行为，符合行政处罚的主体要件。旅游不文明行为一旦被记录，游客或旅游从业人员即会遭受不利后果，从这点上看，旅游不文明行为记录具有行政处罚的制裁性特征。未来只要解决旅游不文明行为记录的合法性问题，旅游不文明行为记录就可以成为行政处罚。从依法治国、建设法治政府、保障行政相对人权益的高度看，应当将其作为行政处罚行为看待，纳入法治轨道予以规范。

4. 旅游不文明行为记录的法治化应当通过修改《旅游法》加制定专门部门规章的形式实现

如何实现旅游不文明行为记录的法治化？可能的路径大致有以下几条：一是由文化和旅游部制定部门规章。二是由国务院制定行政法规。三是修改《旅游法》。我们认为，三种方式各有利弊，旅游不文明行为记录立法没有完美的单一解决方案，在此情形下，只能择优采用。旅游不文明行为记录的立法规范不宜采取“单打独斗”的方式，而应通过相互协助、综合推动的模式进行。旅游不文明行为记录的立法规范可以以简单修改《旅游法》加制定专门的部门规章的形式完成。

（三）相关建议

1. 明确旅游不文明行为记录的法律属性

当前以《办法》为依据构建起来的旅游不文明行为记录不属于行政处罚，其主要理由是《办法》无法律效力，不具有设定行政处罚的权力。将《办法》升格为具有法律性质的文件之后，旅游不文明行为记录应当以行政处罚行为论，应受《行政处罚法》等行政法的调整和规范，应以行政处罚法规范对其主体、程序与责任等进行规制。

2. 适度厘定“联合惩戒”的法律边界

如果旅游不文明行为记录制度朝着《北京市旅游不文明行为记录管理暂行办法》的方向发展，那么对旅游不文明记录的实现不是单个部门，也不是旅游主管部门一个系统可以完成的，它必须依赖多部门、多单位的合作方能实现。问题是，即便通过立法程序将其升格为法律文件，这些规定又凭什么执行，谁来执行，谁来监督执行？这些严重突破“一事一罚”法理的规定又有何正当性？我们认为，旅游不文明行为记录制度未来的发展方向还是应当摒弃对旅游不文明行为记录过度惩戒的思维，学习西方国家，仅将具有严重破坏性的不文明行为列入“联合惩戒”，这些行为主要是航空旅行不文明行为。

3. 构建健全有力的救济制度

行政相对人的权利救济主要有三种方式，即行政诉讼、行政复议与行政赔偿。从法律上保障被记录人的权利，关键是赋予其救济权，包括复议权、行政诉权与国家赔偿的请求权。从法理上看，只要行政机关的具体行政行为侵害到了公民、法人或其他组织的合法权益，相关被侵害人就有权提起行政诉讼、复议并请求赔偿。不文明行为记录的记录当然属于具体行政行为，因此将其纳入行政救济的范畴是合乎行政法理的。所要解决的问题是，通过法律明文规定或者以司法解释的途径明确被记录人的行政救济权，应当规定旅游不文明行为被记录人有权依法提起行政诉讼、行政复议与请求行政赔偿。

四、创新之处

一是较深入地分析了旅游不文明行为记录的法律性质，厘清了旅游不文明行为记录的法律属性，主要视其为一种行政处罚；二是论证了旅游不文明行为记录纳入法治化轨道的必要性与可行性；三是提出了旅游不文明行为记录制度法治化的主要路径。

五、应用价值

相关成果可以作为学界进一步研究有关旅游不文明行为记录的基础，其中提出的关于旅游不文明行为记录的行为性质的分类界定与分析以及针对旅游不文明行为记录制度的立法规范的建议对于今后旅游不文明行为记录制度的理论研究具有较高的参考价值；此外，在实践上，本研究成果可以为旅游行政主管部门及相关行政与立法部门进行立法决策与旅游秩序管理的理论参考。

我国旅游市场秩序评价与创新型监管体系研究

项目主持人：南开大学　姚延波

项目批准号：17TABG011

资助金额：3 万元

起止日期：2017 年 4 月—2018 年 4 月

一、研究背景

近年来，我国旅游业占国民经济的比重不断提升，据世界旅游组织对中国旅游发展测算数据显示，中国旅游产业对国民经济综合贡献和社会就业综合贡献均超过 10%，高于世界平均水平。数据显示，2017 年旅游业对国民经济的综合贡献为 8.77 万亿元，占比高达 11.04%，对住宿、餐饮、民航、铁路客运业的贡献超过 80%，带动直接和间接就业人数约 8000 万人，对社会就业综合贡献达 10.28%①。但在旅游业蓬勃发展的背后，也存在着诸如旅游虚假宣传、欺客宰客、不合理低价、非法“一日游”等市场顽疾，旅游市场秩序失范严重损害了旅游利益相关者的合法权益，有损我国国家旅游形象，阻碍了旅游业的健康可持续发展。为此，国家出台了系列举措，大力整治旅游市场秩序。比如 2015 年，国家旅游局制定并落实《依法治理旅游市场秩序三年行动方案（2015 年）》，组织开展“秩序”“治黑”“清网”“督查”“规范”5 个专项行动；2016 年，国务院办公厅印发《关于加快旅游市场综合监管的通知》，要求加快建立权责明确、执法有力、行为规范、保障有效的旅游市场综合监管机制，进一步解决扰乱市场秩序、侵害旅游者权益等突出问题。上述措施虽然取得了一些阶段性成果，一定程度上缓解了旅游市场秩序紊乱问题，但总体来看，旅游市场秩序存在的突出问题始终没有得到

① 李金早. 以习近平新时代中国特色社会主义思想为指导 奋力迈向我国优质旅游发展新时代［EB/OL］. http：//travel.china.com.cn/txt/2018-01/09/content_50205965.htm.

根本解决，有关旅游市场乱象的各种负面报道仍然不绝于耳。

旅游市场秩序是关系旅游消费者利益、旅游行业声誉以及旅游业能够实现健康可持续发展的大问题。因此，如何对旅游市场秩序进行评价，如何创新监管体系以规范旅游市场秩序，成为学界和业界亟须解决的重要问题。针对旅游市场秩序的研究多是探讨旅游市场秩序失范的原因以及针对某失范原因提出的对策，鲜有关于旅游市场秩序较为完整和系统化的研究，并且对于旅游监管的相关研究，大多停留在对市场行为失范现象的描述与分析，缺乏对市场监管体系逻辑框架的探讨。因此，在国家持续推进简政放权、深化行政体制改革的大背景下，深化旅游市场秩序研究，创新监管体系，具有重要的现实意义。

二、研究方法

（一）文献分析法

文献分析是掌握资料、形成对事物科学认识的重要途径。本研究对市场秩序与评价、市场监管、旅游市场秩序、利益相关者等基础理论研究中采用文献分析法，通过这种方法可以较为便捷地从相关文献中把握市场秩序与评价、旅游市场秩序评价等相关理论和研究前沿，确定本研究变量的定义及维度，对变量之间的逻辑关系也有相对清晰的把握，在此基础上，初步拟定研究框架。

（二）深度访谈法

深度访谈法是目前社会科学领域内被研究者广泛使用的一种研究方法，主要通过对被调查者的深度访谈，来挖掘被调查者的内心看法与态度，适用于前瞻性研究。本课题对旅游利益相关者（包括旅游企业管理者、旅游者、旅游行政管理部门工作人员、行业协会管理者、科研院校旅游管理专家、旅游目的地居民等）进行深度访谈，明晰旅游市场秩序及监管现状，以此探究旅游市场秩序的运作规律和内在逻辑，以期构建创新型旅游市场监管体系。

（三）内容分析法

内容分析法是采用归纳、演绎的方法对收集资料进行抽象概括，在此基础上，概念化与操作化形成编码表，从而进行有效推论。本研究将按照内容分析法的常规步骤，即

确定研究问题、研究范围、抽取样本、确定分析单元、建立分析类目、对材料进行编码和分类、信度和效度检验以及分析汇总等过程，对收集资料进行编码和统计分析，以期构建多元群体视角下的旅游市场秩序评价量表，并创新性地提出旅游市场监管策略。

（四）扎根理论法

扎根理论由 Glaser 和 Strauss 于 1967 年在《扎根理论之发现：质化研究的策略》中首次提出，是一种自下往上建构理论的研究方法。Glaser 指出，扎根理论是对抽象问题及其过程的研究，关注重点是社会过程分析（social process analysis）①②，旅游市场秩序实质上是各利益相关主体及其复杂的相互关系和作用过程，因而采用扎根理论进行研究较为适合。因此，本研究将运用扎根理论方法，从实际观察入手，在系统收集资料的基础上，寻找反映旅游市场秩序本质的核心概念，并不断进行理论归纳与修正，直至形成科学的旅游市场秩序理论构念，通过这些概念之间的内在联系，建构旅游市场秩序理论分析框架。

（五）问卷调查法

问卷调查法是采用严格设计的测量项目或问题，收集有关研究对象的资料和数据的方法。本研究的问卷调查主要是针对旅游市场秩序评价量表开发，从多元群体视角（旅游者、旅游企业、旅游主管部门）来进行问卷调查，并严格按照量表开发程序，运用 SPSS、AMOS 等数理统计软件，对回收问卷进行信效度分析、探索性因子分析、验证性因子分析，通过反复测试，最终形成可靠性强、具有现实可操性的旅游市场秩序评价量表。

三、研究内容及结论

旅游市场秩序是一个极为抽象和多维的构念，涉及多种市场主体和客体，作用机制和过程极为复杂且难以把握，是市场秩序一般性和旅游业特殊性的有机统一，因此，本课题从旅游行业特殊性入手研究旅游市场秩序的评价。本课题基本思路是：文献与背景分析→核心概念探讨→实地调研与深入访谈→构建理论模型→构建评价体系→结

① Glaser，B. G. Basics of grounded theory analysis：emergence vs. forcing［M］.Mill valley：sociology press，1992.

② 费小冬 . 扎根理论研究方法论：要素、研究程序和评判标准［J］. 公共行政评论，2008，1（3）：23-43.

论分析与对策建议。

首先，对市场秩序、市场秩序评价、旅游市场秩序、利益相关者理论、制度理论的国内外相关文献与理论进行回顾与述评，厘清研究思路，搭建理论研究框架和研究模型，提出研究命题。其次，根据研究目的和问题，对旅游监管部门、旅游企业、行业协会、旅游者、目的地居民、其他社会公众等开展多方位调研和访谈，综合多种方法搜集数据资料；依据理论框架和研究命题分析搜集的资料，综合运用扎根理论和多种数据分析方法对资料进行编码归类整理，研究旅游市场秩序内涵和外延，提取不同视角下的旅游市场秩序评价指标，结合因子分析法、层次分析法等定量方法构建旅游市场秩序评价体系。最后，针对新时期旅游市场的现状，提出多方利益相关者参与的创新型旅游市场监管体系。

（一）构建旅游市场秩序理论模型

本课题从旅游市场秩序的特殊性入手，从利益相关者视角出发，取旅游企业管理者、旅游者、旅游行政管理部门工作人员、行业协会管理者、科研院校旅游管理专家、旅游目的地居民作为调研对象进行深度访谈，运用扎根理论的研究方法，对旅游市场秩序的概念、维度进行深入分析，探究旅游市场秩序形成的内在机理，建立起旅游市场秩序的概念和维度模型。

旅游市场秩序是在一定制度环境下，旅游市场管理主体、旅游市场经营主体和旅游者，围绕旅游活动形成的各主体对市场制度和规则的认同、遵从和调整的过程与状态。旅游市场秩序由准入秩序、交易秩序、合同履约、市场反馈评价四个维度构成，每个维度上具有不同的利益主体。旅游市场准入秩序是基础，旅游市场经营主体之间、旅游市场经营主体和旅游者之间的交易关系构成了交易双方的契约关系，形成了旅游市场交易秩序；交易双方在形成的契约基础上各自履行约定，构成了旅游合同履约维度；履约结束后，旅游市场各主体对前面三个环节和旅游市场秩序状况进行反馈评价，进一步促进旅游市场秩序的演进发展。制度环境是旅游市场秩序形成的制度基础，正式制度、非正式制度和制度实施机制规范着旅游市场秩序运行，同时，旅游市场各利益主体在准入、交易、履约、反馈评价中也在调整着制度环境，推动制度的变迁和制度环境的演进发展。

（二）构建旅游市场秩序评价体系

在旅游市场秩序理论分析框架的基础上，选取旅游市场的重要利益相关者——旅

游者、旅游企业、监管部门为调研对象，构建游客、旅游企业、监管部门三种视角下的旅游市场秩序评价指标。即通过问卷调查，采用探索性因子分析、验证性因子分析等研究方法，构建了游客视角下的旅游市场秩序评价量表。再通过焦点小组访谈、德尔菲法构建了监管部门、旅游企业视角下的旅游市场秩序评价量表。通过探讨体系指标及其权重两部分，构建起适合我国国情的、基于多方视角的旅游市场秩序评价体系（见表 1）。

表 1　旅游市场秩序评价的指标体系

<table>
<tr><th>一级指标</th><th>二级指标</th><th>三级指标</th></tr>
<tr><td rowspan="15">游客视角 U_1（0.65）</td><td rowspan="3">旅游信息合规 U_{11}（0.08）</td><td>旅游信息真实 U_{111}（0.54）</td></tr>
<tr><td>无误导性旅游信息 U_{112}（0.25）</td></tr>
<tr><td>旅游信息不违反法律法规 U_{113}（0.21）</td></tr>
<tr><td rowspan="4">旅游合同合规 U_{12}（0.28）</td><td>旅游合同是在双方同意下形成 U_{121}（0.11）</td></tr>
<tr><td>旅游合同中明确所含产品项目 U_{122}（0.26）</td></tr>
<tr><td>旅游合同中明确自费项目 U_{123}（0.22）</td></tr>
<tr><td>旅游产品明码标价 U_{124}（0.41）</td></tr>
<tr><td rowspan="4">旅游合同履约 U_{13}（0.47）</td><td>旅游企业提供的旅游产品与合同一致 U_{131}（0.18）</td></tr>
<tr><td>旅游服务符合约定的服务标准和规范 U_{132}（0.47）</td></tr>
<tr><td>旅游企业无强制游客消费的行为 U_{133}（0.27）</td></tr>
<tr><td>旅游企业不欺诈游客 U_{134}（0.08）</td></tr>
<tr><td rowspan="4">旅游投诉处理 U_{14}（0.17）</td><td>旅游投诉反馈渠道通畅 U_{141}（0.07）</td></tr>
<tr><td>旅游企业能够依法快速解决投诉 U_{142}（0.23）</td></tr>
<tr><td>监管部门能够对投诉做出迅速反馈 U_{143}（0.19）</td></tr>
<tr><td>监管部门能够依法快速解决投诉 U_{144}（0.51）</td></tr>
<tr><td rowspan="10">监管视角 U_2（0.14）</td><td rowspan="2">准入秩序 U_{21}（0.27）</td><td>旅游企业经营条件合格率 U_{211}（0.64）</td></tr>
<tr><td>旅游企业证照齐全率 U_{212}（0.36）</td></tr>
<tr><td rowspan="6">交易秩序 U_{22}（0.64）</td><td>旅游企业信息宣传合规率 U_{221}（0.13）</td></tr>
<tr><td>旅游合同合规率 U_{222}（0.21）</td></tr>
<tr><td>旅游企业依照合同履约率 U_{223}（0.30）</td></tr>
<tr><td>旅游企业旅游产品和服务的规范情况 U_{224}（0.17）</td></tr>
<tr><td>旅游者文明旅游情况 U_{225}（0.08）</td></tr>
<tr><td>旅游者投诉率 U_{226}（0.11）</td></tr>
<tr><td rowspan="2">退出秩序 U_{23}（0.09）</td><td>旅游企业依法退出市场情况 U_{231}（0.72）</td></tr>
<tr><td>不合格旅游企业的退出率 U_{232}（0.28）</td></tr>
</table>

续表

<table>
<tr><th>一级指标</th><th>二级指标</th><th>三级指标</th></tr>
<tr><td rowspan="8">企业视角 U_3（0.21）</td><td rowspan="2">制度环境
U_{31}（0.35）</td><td>旅游法律法规完善情况 U_{311}（0.62）</td></tr>
<tr><td>旅游标准规范健全情况 U_{312}（0.38）</td></tr>
<tr><td rowspan="4">管理秩序
U_{32}（0.29）</td><td>监管机构达标率和人员到位率 U_{321}（0.10）</td></tr>
<tr><td>监管部门规范执法情况 U_{322}（0.45）</td></tr>
<tr><td>违规经营旅游企业查处率 U_{323}（0.18）</td></tr>
<tr><td>为旅游企业提供优化营商环境的服务 U_{324}（0.27）</td></tr>
<tr><td rowspan="2">竞争秩序
U_{33}（0.37）</td><td>旅游企业依法经营情况 U_{331}（0.65）</td></tr>
<tr><td>不正当竞争情况 U_{332}（0.35）</td></tr>
</table>

资料来源：（课题阶段性成果）姚延波等根据调研及研究结果编制。

（三）创新型旅游市场监管体系的构建

从利益相关者视角出发，结合新时期市场监管的目标与需求，在对旅游市场秩序进行科学评价基础上，通过理论分析、综合分析等方法，探究有效旅游市场监管体系的内在机制和逻辑框架，本研究提炼出旅游市场监管涉及的利益相关者为行政管理部门、行业组织、旅游及相关企业、旅游者和社会公众，构建了多方共同参与的旅游市场治理型监管体系。其中，行政管理部门指旅游主管部门和政府相关行政管理部门，可以由各地市旅游局联合工商、质检、物价、公安、司法等组建旅游发展委员会综合监管，也可以在各自监管框架内各尽其责，通过权责清单、转办机制、信息共享、绩效考评等形成综合监管长效机制，形式不一，但政府相关行政管理部门都是旅游市场监管主体，相关行政管理部门需各司其职、各尽其责。

四、创新之处

（一）研究内容的创新

本课题以具有行业特殊性的旅游市场秩序为研究对象，对市场秩序的研究跨越了行业边界，构建科学完整、可操作性较强的旅游市场秩序评价体系，不仅拓展了旅游市场秩序的研究内容和研究领域，还扩大了市场秩序与监管研究的边界与范畴。本课题对旅游市场秩序内涵与外延进行了探究，基于旅游业实践和特征构建旅游市场秩序概念模

型，探讨其运行机制，借鉴市场秩序评价体系相关要素市场管理主体、市场经营主体、市场消费主体、市场交换客体、各种管理行为作用的结果及交换客体对市场的影响等来研究旅游市场秩序评价体系，可以进一步完善与扩展市场秩序研究的理论体系。

（二）研究视角的创新

本课题采用新的理论视角，把利益相关者理论和制度理论引入旅游市场秩序治理评价与市场监管的研究中，构建出多元群体（旅游者、旅游企业、旅游主管部门）视角的旅游市场秩序评价体系，并提出以政府为主导，多方共同参与的新型监管体系，拓宽了旅游市场秩序评价与市场监管的研究视角，为旅游市场秩序的研究提供了新的研究方向和研究工具。

（三）研究方法创新

已有的旅游市场秩序研究，大多是思辨性、见解性的研究，且缺乏实际调研下的实证研究，因此研究结果对现实的解释性较弱。因此，本研究在既有研究基础上，采用定性与定量相结合的研究方法，深入探究旅游市场秩序概念、维度、旅游市场秩序评价体系，为客观、准确、量化地评估旅游市场秩序提供了一种新的思路与方法。

五、应用价值

（一）学术价值

一是运用扎根理论研究方法构建了旅游市场秩序的概念模型和的运行机制模型，对市场秩序的研究跨越了行业边界，丰富了中国本土化的旅游管理科学内涵与理论逻辑。二是构建了旅游市场秩序评价指标体系，丰富了旅游市场秩序评价的理论体系，拓展了旅游市场秩序评价研究的深度。三是准确识别了旅游市场监管的利益相关者，即行政管理部门、行业组织、旅游及相关企业、旅游者、社会公众，弥补以往研究中以旅游行政管理部门为监管主体，旅游企业为监管客体的研究范式和监管模式。

（二）实践价值

旅游市场秩序概念和旅游市场秩序评价指标体系的研究成果有助于旅游监管部门对市场秩序进行科学评价与管理。基于多方参与的治理型监管体系可以促使旅游监管主体有效分析其他利益相关者的主体地位和功能，从利益相关者视角调整旅游市场监管策略，促进市场运行的监管规制不断趋于合理化，推动我国旅游业健康可持续发展。

“社会—经济—环境”系统耦合视角下乡村旅游用地效率、模式及政策研究

项目主持人：四川大学　查建平

项目批准号：17TABG012

资助金额：3 万元

起止日期：2017 年 4 月—2018 年 4 月

一、研究背景

中国乡村旅游村寨呈现出蓬勃发展之态势，成为全面建设小康社会、解决“三农”问题以及扶贫开发的重要突破口之一。作为一种农业、农村与旅游的结合体，乡村旅游必然对农村土地资源有着天然的依赖，但囿于现阶段土地政策、建设用地瓶颈以及生态环境脆弱性等一系列复杂因素，用地指标紧张已成为制约乡村旅游村寨发展的瓶颈。与此同时，乡村旅游村寨中的旅游用地却又面临着用地粗放、效率低下，难以做到社会、经济和环境层面的统筹协调，用地模式选择及用地政策干预不合理等问题，对乡村旅游可持续发展形成威胁。那么，“社会—经济—环境”系统耦合视角下乡村旅游村寨的旅游用地效率如何评估？不同用地模式选择下的用地效率是否存在差异？如何进行有效的用地政策干预？分析与回答这些问题不仅有利于扩大乡村旅游用地研究视域，深化乡村旅游用地效率研究内容，而且能够为乡村旅游土地资源的可持续利用提供指导。

作为乡村旅游经济发展在乡村地域土地利用上的空间表达，乡村旅游用地是传统村寨人地系统格局的挑战，其旅游用地开发会引发诸多社会、经济与环境问题，进而催生出乡村旅游用地“社会—经济—环境”系统这一矛盾复杂体，若按照传统发展思路、评估理念抑或发展模式来审视乡村旅游用地演化格局，则乡村旅游土地开发极容易导致乡村旅游发展越快——社会、经济与环境不协调问题越多——“社会—经济—环境”耦合系统混乱崩溃——乡村旅游发展陷入恶性状态。然而，值得注意的是，社会、经济与环境之间的矛盾不是必然的，耦合协同作为一套系统的哲学理念，伴随着整个乡村旅游用地过程，本研究在村域尺度下构建乡村旅游用地“社会—经济—环境子”耦合系统的协同发展综合效度评估模型，分析相应影响因素及其作用机制，力图打破乡村旅游用地过程中社会、经济与环境三个维度彼此割裂的局面，寻求社会利益、经济利益与环境利益的协调统一，为乡村旅游的持续、健康发展提供参考。

二、研究方法

第一，文献研究法。通过搜集和分析现有的有关资料，从中获取相关消息，以全面正确地了解所研究的问题以及解决问题的方法。通过查阅大量的有关乡村旅游、旅游用地、乡村旅游用地以及耦合系统研究等方面的文献，通过对县志等重要的文献资料进行整理和分析，了解四川省乡村旅游用地现状，以获得有价值的数据。在此基础上提出四川省五大经济片区乡村旅游用地体系的优化方案。

第二，实地调查法。实地调查法是一种直接调查法，根据自己的研究目的和研究内容，选取合适的案例地，在选取的确定范围内进行实地考察，进而对收集到的信息及数据进行统计分析，以实现为研究内容提供事实和数据支撑。本文以四川省五大经济片区开展乡村旅游活动的村寨为研究对象，通过问卷调查法、实地观察法和深入访谈法了解当地居民对发展乡村旅游的真实想法，探究旅游者对乡村旅游的满意程度。通过走访调研，了解当地土地利用的实际情况，为本文研究提供翔实的第一手资料。

第三，案例研究法。由于四川省具有丰富且多样化的乡村旅游资源，是其乡村经济发展的着力点，以环成都、川南、攀西、川东北、川西北片区为代表的乡村旅游经济带发展水平的梯度分布，区位客观条件差异明显，具有典型代表意义。因此，本文拟从四川省域内环成都、川南、攀西、川东北、川西北片区为代表的乡村旅游经济带中抽取乡村旅游村寨为研究案例地，对不同类型乡村旅游村寨的旅游用地效率进行评估，分析不同类型用地效率差异的分布特征，以期通过对四川省乡村旅游用地效率的研究，探寻我国乡村旅游用地效率较低的问题和原因，并提出相应的对策。

第四，数据包络分析法。1978 年，运筹学家 Charnes、Cooper 和 Rhodes 提出了以多投入多产出为基础的相对效率测度方法——数据包络分析法（DEA，Data

Envelopment Analysis）。该方法主要借助数学规划与统计数据确定相对有效的生产前沿面，并将各受评决策单元投影到所构建的生产前沿面上，进而以受评决策单元与生产前沿面之间的距离测度相对效率高低。DEA 以决策单元各项投入与产出的权重为变量，并以最有利于受评决策单元的方式确定指标优先权重，避免了权重设定的主观性，而以线性规划方式构建最佳生产前沿面，则使得 DEA 方法无须设定投入产出变量之间的具体函数形式。

三、研究内容及结论

本研究以“多学科理论和技术”为支撑，遵循系统化分层的研究思路，实证研究与规范研究相结合，综合利用多种定性与定量研究方法，从“社会—经济—环境”耦合协同视角出发分析这一耦合系统的要素、结构、功能及特征，构建“社会—经济—环境”耦合协同发展评估模型，探究乡村旅游用地过程中社会、经济与环境三个维度的耦合协同发展路径。该研究报告的主要内容包括：

第一，在阅读国内外专家学者的相关学术成果基础上，对用地效率评估、旅游用地评价、乡村旅游用地模式以及乡村旅游用地政策等几大方面进行了梳理与总结。研究认为，与用地效率评估相关的研究多数着眼于单要素视角，忽略了其他要素的替代效应，更未考虑到“社会—经济—环境”系统耦合特征，无法对乡村旅游用地状况做出科学合理的评估；对乡村旅游用地模式与政策的研究多为理论探索与经验总结，未能在用地效率导向下对乡村旅游用地模式与政策干预进行量化分析解读，忽视了乡村旅游用地社会、经济与环境全方位干预，导致乡村旅游用地政策干预缺乏针对性。

第二，本研究从“社会—经济—环境”耦合系统视角出发，结合社会、经济与环境三个子系统的投入产出指标，利用数据包络分析法构建了乡村旅游地“社会—经济—环境”系统耦合协同发展评估模型，将乡村旅游用地综合系统界定为由乡村旅游用地社会子系统、乡村旅游用地经济子系统和乡村旅游用地环境子系统的相互作用、相互影响，通过物质、能量与信息的流转、储存和反馈所形成的互相依存、协调共生的耦合系统，并分析各个子系统在“社会—经济—环境”耦合系统中的地位与作用。研究指出，社会子系统是“社会—经济—环境”耦合系统的催化剂，能够促进系统之间的相互作用和相互耦合，是“社会—经济—环境”耦合系统的中介媒体；经济子系统是“社会—经济—环境”耦合系统的主体，通过资本、劳动力和土地的投入，产生经济利益和提高当地旅游设施完善度，进而满足当地居民的生产需求和游客的消费需

求；环境子系统是“社会—经济—环境”耦合系统运行的基础，是人类生存和生产的载体，环境子系统一旦被破坏，社会子系统和经济子系统必将受到威胁，甚至发展受阻。

第三，综合运用已构建的“社会—经济—环境”耦合系统协同发展评估模型，结合社会、经济与环境三个维度的投入与产出指标，以四川省五大经济片区中的15个乡村旅游村寨为对象进行耦合协同发展评估。研究结果显示，社会子系统和经济子系统综合有效占比相对较高，环境子系统综合有效占比较低，仅绵阳市安州区塔水镇七里村、小金县四姑娘山镇长坪村。由此可见，环境子系统内部协同发展效度仍有待提升，亟须重点关注。就子系统之间而言，社会与经济子系统间的综合有效占比相对较高，社会与环境子系统间的综合有效占比相对较高，经济与环境子系统间的综合有效占比相对较低，社会、经济与环境三个子系统之间的综合有效占比相对较高。

第四，建立Tobit回归模型，探究影响乡村旅游用地耦合协同发展综合效度的因素。研究结果显示，地均旅游收入、地均固定资本投入、地均旅游教育培训投入、旅游产业设施完善程度以及区位客观条件对其产生显著正向影响，其中区位客观条件对对三圣乡、郫都区三道堰镇青杠树村、龙泉驿桃源村以及绵阳市安州区塔水镇七里村等乡村旅游用地综合效度的影响更是在30%以上，地均劳动力投入和地均环保投入则对其产生显著负向影响，产业结构、土地资源禀赋、政府产业扶持等其他变量尽管对综合效度的影响为正，但并不显著。

第五，参照土地分类中农用地、建设用地以及未利用地三类土地一级划分标准，本研究将乡村旅游用地模式划分为以建设用地为主的旅游用地模式、以农业用地为主的旅游用地模式以及以保护区为主的旅游用地模式三种类型。归属于以农用地为主旅游用地模式的村寨数目较多，其在社会、经济与环境子系统内部及子系统之间的协同发展综合效度并未呈现明显规律；归属于以建设用地为主旅游用地模式的村寨在环境子系统内部以及社会、经济子系统对环境子系统的耦合协同综合效度较低；归属于以保护区为主的旅游用地模式的村寨其社会、经济与环境三个子系统之间耦合协同发展综合效度最高，但在各单一子系统及两个子系统之间却并未显现出明显的规律。除特定子系统及子系统之间协同发展综合效度以外，三种类型旅游用地模式对应“社会—经济—环境”耦合协同发展并未呈现出明显的规律性。

第六，从乡村旅游用地政策内容分析来看，对旅游用地这一概念没有明确清晰的界定；内容多样，但是庞杂缺乏专业性，粗略不够具体；不同政策间的差异不大，缺乏系统性；标准控制是旅游用地相关政策中强调最多的措施，缺少市场配置方面的政策措施，对法律责任缺少关注。

第七，从社会、经济与环境三个维度出发，提出乡村旅游用地干预的政策建议。

四、创新之处

第一，以多学科理论体系为支撑，结合乡村旅游用地耦合系统特征，在“社会—经济—环境”系统耦合视角下构建乡村旅游用地效率全要素分析框架，是对已有研究深度与广度上的拓展；

第二，剔除区位客观条件对乡村旅游用地效率的影响，从评价结果中判断出受区位客观条件影响较大的乡村旅游村寨，从而优化与调整乡村旅游村寨的发展方向；

第三，以“社会—经济—环境”耦合视角下的用地效率为导向，探究乡村旅游用地模式选择及用地政策全方位干预方案，是对以往片面乡村旅游用地方式的矫正，具有重要的决策参考价值。

五、应用价值

第一，乡村旅游用地涉及社会、经济与环境三个相互依赖、相互影响的子系统，对土地集约利用问题的研究应注重社会、经济和环境三个子系统之间的统筹发展。本文选择从“社会—经济—环境”系统耦合视角出发，结合乡村旅游用地活动全要素特性，研究村域尺度下的乡村旅游用地效率问题，对于乡村旅游地的土地资源可持续利用具有现实指导意义。

第二，在乡村旅游用地效率评估基础上，探究影响乡村旅游用地效率的因素及其作用方向与力度，并拟剔除区位客观条件对乡村旅游用地效率的影响，总结不适合发展乡村旅游的区位特征，对乡村旅游开发决策具有重要的参考价值。

第三，以“社会—经济—环境”耦合系统视角下乡村旅游用地效率为导向，研究不同乡村旅游用地模式的用地效率差异，探究乡村旅游用地过程中的社会、经济与环境三个子系统间互为条件、互相促进、循环上升的“三螺旋”乡村旅游用地模式，对于乡村旅游用地模式的选择具有重要实践意义。

旅游共享：理论构建、模式探究与价值测度

项目主持人：陕西师范大学　于江波

项目批准号：17TABG013

资助金额：3 万元

起止日期：2017 年 4 月—2018 年 4 月

一、研究背景

2015 年 10 月，中国共产党第十八届中央委员会第五次全体会议中，习近平提出“创新、协调、绿色、开放、共享”的五大发展理念，其中共享理念为冲破我国“三期叠加”困难时期提供了发展思路，共享理念融入实体经济发展中，能够对资源进行重新配置，以效率撬动经济增长方式的升级。2016 年，我国旅游产业增加值占 GDP 超过 11%，在“量”上已经成为我国战略性支柱产业，但是在结构上出现了一系列问题，如有效需求和有效供给不匹配的矛盾。旅游产业快速发展引致大量生产要素向旅游产业集中，旅游业中出现部分地区产能过剩局面，同时，又出现了旅游供给不足现象，大量的旅游固定资产闲置的同时，经典景区及其衍生产业严重供给不足。随着共享理念对实体经济发展的渗透，共享经济发展模式渐进式地向旅游产业链嵌入，尤其在旅游住宿、交通、餐饮等方面尤为突出，影响和改变着旅游产品的供给模式与体验方式，为旅游业带来了巨大变化。旅游共享发展模式能够调动旅游生产要素的潜在产能，能够对现存的资源进行有效的重新配置。

理论滞后于实践，尽管旅游产业中已经出现了共享模式，但在理论中尚无系统的理论分析，实践中也是摸着石头过河，旅游共享发展的黑盒子尚未打开，本研究报告从理论上构建旅游共享发展的理论体系，对现有共享发展的模式进行探究，并通过实证对旅游共享发展的价值进行测度。

二、研究方法

归纳和演绎相结合。共享经济发展模式在学术界尚未完全展开，而实践中已经有共享的商业运作模式，在课题的研究中，通过对共享理念的实际应用进行归纳，发现共享发展的一般规律，并将此规律演绎到旅游产业的发展中。

实证分析与规范分析相结合。旅游共享发展的现实基础薄弱，通过对陕西和山西两省的实地调研，摸底我国旅游共享发展的现实基础，甄别影响我国旅游共享发展的驱动因素，在价值测度中亦使用实证分析测度价值可行性，在探究旅游共享模式分析中使用规范分析研究旅游共享机制的形成。

三、研究内容及结论

本项目探讨共享理念对旅游产业链的渗透，并针对共享经济发展模式与旅游产业发展的融合所面临的现实“瓶颈”，提出有针对性地、可操作性的建议。在具体研究过程中，报告分为五个部分进行渐进式的研究。

第一部分，从文献角度对共享经济和旅游共享经济相关研究进行了评述，研究发现，共享经济是分享经济模式的延伸，共享经济概念尚未有得到一致认同的标准化界定，但学者们从不同视角、不同理论对共享经济的本质、特征以及驱动因素进行了研究。而在旅游共享的研究中，尽管已经有学者开始将共享理念引入旅游产业中，但现有研究并没有对旅游共享有明确的概念界定，现有理论层面的研究聚焦在旅游共享的特征和融合方式方面，而旅游共享理论体系的构建层面处于真空状态。现有研究中，从供需层面研究旅游共享机制停留在对共享住宿和共享交通模式的浅层次研究，而对旅游产品革新升级的研究尽管提出了与市场结合设计市场有效需求的旅游产品观点，但停留在理论口号呼吁层面，具体应用层面的研究尚未涉及。在现有的文献中其实很少涉及旅游共享平台运行的理论研究，旅游共享平台运行的内在机制尚未有学者进行系统性厘清。

第二部分，从理论上构建旅游共享发展的理论体系，为后续探究旅游共享发展模式提供理论依据。主要结论为：第一，共享经济的本质是整合线下的闲散物品或服务者，让他们以较低的价格提供产品或服务。对于供给方，通过在特定时间内让渡物品的使用权或提供服务，来获得一定的金钱回报；对于需求方，不直接拥有物品的所有权，而是通过租、借等共享的方式使用物品。第二，共享经济的发展是去中介化和再中介化的过程。去中介化是指共享经济的出现，打破劳动者对商业组织的依附，可以直接向最终用户提供服务或产品；再中介化是指个体服务者虽然脱离商业组织，但为了更广泛地接触需求方，接入移动互联网的共享经济平台。第三，旅游共享发展涉及供给端和需求端资源与信息的共享、媒介和渠道的共享、旅游产业与其他产业的共享，以及风险应对的共享。

第三部分，探讨了旅游共享发展的模式，从四个层面进行剖析：首先，从需求端和供给端角度，通过剖析旅游产业中的食、住、行三大要素共享运行的模式；其次，他探讨了旅游在线市场的生态链，并对旅游共享媒介和渠道共享模式进行了剖析；再次，探讨了旅游产业和其他产业的共享发展模式；最后，对旅游共享的发展的风险进行了探讨。

第四部分，对旅游共享模式运行的基础以及渗透度进行了实地调研。构建旅游生态链，从信息搜集、行程预订、酒店住宿、交通出行、旅游途中、餐饮美食和旅游分享七个渐进式环节设计调查问卷，以陕西省和山西省主要旅游景区为样本观测点，历时 3 个月，收集到有效问卷 866 份，调研结果显示，在现有的共享 App 中基本形成了固定且成熟的模式，以携程、去哪儿和滴滴等主要共享平台在信息搜集、行程预订、交通出行等方面占据较大的市场份额；在共享理念融入旅游生态链的各环节中，18~40 周岁年龄段是最容易接受的群体；但是，对于某些环节，如讲解领域，游客还是偏向于传统的人工服务；而在共享厨房等新兴领域，由于还未有相应的监管措施颁布，这些新兴领域未得到游客的接受，但游客对这些新兴的方式抱有极大的兴趣，表示在未来旅行中会考虑这些新模式。

第五部分，对现有共享平台的影响因素进行了实证分析。旅游第三方共享平台营销因子特征中，网络口碑对潜在旅游者购买意愿的影响最强，营销方式的影响程度其次。旅游第三方共享平台的网络口碑存在一定的特殊性，接受者在有相关操作技术的同时，还应该有便捷的渠道及时获取信息。整个过程中涉及平台提供信息的专业性、传播媒介以及接受者的专业性。因此随着社会发展，网络口碑涉及的三方面影响因素也都有所提升，消息传播的渠道多，所需时间少。潜在游客自身对信息接受和评判的专业性都有很好的发展。在客观方面改善后，游客通过了解网上对自身所需产品评价的信息后，进而决定是否想进一步购买的意愿也更大。营销方式是不同商家惯常采用的一种促销手段，不同的方式能促使大部分好奇心强或喜欢保持新鲜感的人群的尝试。

鉴于本报告的研究结论，提出以下发展旅游共享的建议：第一，加强智能网络技术管理，建立完善的信用机制，加强对消费者权益的保护，保障用户信息安全；第二，

把握传统旅游转型的过渡特征，打造全产业链的全域旅游模式，实现传统旅游向共享旅游平稳转型；第三，建立强有力的市场监督体系，保护行业创新，激发市场活力，营造公平竞争的市场环境；第四，加快制定出台准入政策，严格规范准入条件；第五，引导旅游共享经济平台企业建立健全消费者投诉和纠纷解决机制；第六，鼓励和引导企业开展有效有序竞争；第七，大力推进政府各部门数据共享、公共数据资源开放、公共服务资源分享。

四、创新之处

理论视角创新：本课题把知识经济学作为研究共享模式的理论基础并进行独立考察，知识经济学注重隐性知识显性化过程中媒介作用的研究，与当前共享模式中网络技术和 App 技术相匹配，更加符合现实研究需要。

研究视角创新：旅游产业天然的共享属性决定了其与其他产业共享模式的差异，且不同层次的旅游目的地亦具有不同的共享模式。

研究观点创新：①旅游共享具有系统性，并不局限于连接旅游有效供给和有效需求的计算机网络技术单一渠道，旅游需求、旅游供给和风险应对等亦有多种内部共享渠道，形成促进旅游经济驱动要素使用效率最大化的多维度渠道；②旅游产业与实体产业之间亦可通过共享方式形成双赢局面；③旅游共享的核心是旅游隐性知识的显性化过程；④短期内我国旅游市场依然以传统旅游产业运作模式为主，逐渐渗透共享思想，长期内，旅游共享模式将极大促进旅游产业资源的有效利用。

五、应用价值

理论价值：首先，旅游共享的概念、内涵、外延和边界等基础性理论在学术界尚未提及，本课题为后续学者提供理论基础。其次，旅游共享模式的黑匣子尚未打开，本课题探究旅游共享运行模式，系统性地摸清旅游共享的内在运行规律，为后续学者深化研究提供基础。

实践价值：厘清旅游产业的资源共享、要素共享、利益共享为特征的旅游共享模式，实现旅游资源更加有效、公平的配置，解决我国旅游产业有效供给和有效需求的结构性矛盾问题，促使我国旅游产业绿色可持续发展。

城市旅游非正规就业现状与规范化管理

项目主持人：北京第二外国语学院　王金伟

项目批准号：17TABG014

资助金额：3 万元

起止日期：2017 年 4 月—2018 年 4 月

一、研究背景

随着城市旅游的发展，旅游非正规就业已成为解决城乡居民就业、转移农村剩余劳动力、缓解贫困等的重要途径，对于促进社会稳定、解决我国现阶段的城乡就业矛盾具有重要作用。但由于缺乏"正规"认证和社会认可，导致城市旅游非正规就业者常遭受到歧视和不公平待遇，合法权益难以得到保障。由于缺乏统一的服务标准和规范管理，常导致欺客宰客、质量低劣、不合理低价等乱象频现，严重影响了城市形象和旅游市场秩序，成为旅游业长期以来难以解决的"顽疾"。因此，对城市旅游发展中的非正规就业进行合理引导和正规管理，成为现今我国旅游业发展中的一个重要课题。

本研究在梳理国内外相关研究的基础上，利用数理统计方法构建城市旅游非正规就业规模测度模型，并以北京市为例对其进行了实证研究；同时，对城市旅游非正规就业者的特征和管理现状进行了调查分析，并在此基础上探究了健全城市旅游非正规就业的规范化管理机制。

二、研究方法

本课题主要采用了以下方法展开和推进研究：（1）运用文献研究、德尔菲法、数理统计方法等对非正规就业和旅游非正规就业的内涵和边界进行梳理与界定，构建

城市旅游非正规就业规模测算模型，并统合面板数据与微观调查数据进行实证研究。（2）通过问卷调查法、深度访谈法和参与观察法，对城市旅游非正规就业者、行政管理部门、旅游企业、游客等进行调查，探究城市旅游非正规就业的发展现状及其对城市社会经济和旅游业发展的影响。（3）通过文献研究、比较研究、实地考察等剖审城市旅游非正规就业管理的现状及其存在问题，并据此提出规范管理城市旅游非正规就业的政策建议。

三、研究内容及结论

本课题主要从以下 4 个方面展开研究：

第一，在梳理国内外相关研究的基础上，选取了差值法和捕获—再捕获法（Capture–Mark–Recapture Methods，CMR）分别对城市旅游非正规就业者规模进行测算，而后根据测量结果对其规模进行综合评估。通过研究发现，北京市旅游非正规就业人群规模保持在 10 万人左右，最多时可达 12 万人左右。同时，通过验证发现，CMR 法作为一种测量敏感人群规模的重要统计方法，在旅游非正规就业人群规模测量中同样具有较好的辨识性和可靠性。

第二，通过参与观察、深度访谈、问卷调查等方法对旅游非正规就业者的人群特征和经营特征进行了深入分析。通过研究发现，旅游非正规就业者多为女性青壮年者，受教育程度较低，且多来自北方，尤以华北地区为多；其从业原因包括工作时间灵活、进入门槛低、投入成本少，以及经济状况欠佳、身体条件限制等多种因素；他们大多为自我经营者，经营活动主要集中在人流量较大，以及监管较为宽松或难以触及的区域；其职业满意度普遍较低，对客源和市场竞争环境表现出高度的担忧。

第三，通过深度访谈、问卷调查等分析了旅游者、城市居民、管理者等主体对旅游非正规就业的感知与评价。通过研究可知，城市旅游非正规就业对社会经济和旅游业发展具有重要积极作用，同时也存在着一些损害消费者权益和城市形象的负面问题。而旅游者、城市居民和管理者（城市管理和旅游市场管理）普遍对其印象较为负面，同时表示需加强对其监管和规范经营。

第四，从法律规制、政府监管等方面对城市旅游非正规就业管理的现状和存在问题进行了剖析，并据此提出了规范管理城市旅游非正规就业的政策建议，主要包括建立健全法律法规、明确行政监管主体、树立管理服务理念、构建精细化的管理体制等。

四、创新之处

本研究基于数理统计方法对城市旅游非正规就业规模进行了综合测度，并从多视角探究城市非正规就业现状。创新之处主要包括两个方面:（1）综合 CMR 法和差值法的测量结果，对北京市旅游非正规就业人群规模进行了推测。同时，通过本次探索性研究可以发现，CMR 法作为一种测量敏感人群规模的重要统计方法，在旅游非正规就业人群规模测量中同样具有较好的可靠性。（2）通过参与观察、深度访谈、问卷调查等方法对旅游非正规就业者的人群特征和经营特征以及旅游相关主体对旅游非正规就业的感知与评价进行了深入分析。同时，从管理制度、管理机制等方面剖析了城市旅游非正规就业管理的现存问题，并据此构建了城市旅游非正规就业的规范化管理体系。

五、应用价值

本研究有助于进一步明晰城市旅游非正规就业的形成和发展的内在规律，并为相关部门对城市旅游非正规就业进行有效监管和规范旅游市场秩序提供参考。结合城市旅游业和旅游非正规就业的发展现状，课题组提出了以下规范化管理的政策建议：

（一）建立健全法律法规

一方面，制定专门针对城市旅游非正规就业的法律规范，在法律层面对城市旅游非正规就业进行界定，明确其法律地位和边界，保护其合法权益，同时也为管理监督者提供执法依据，明晰管理职责和权限，改变目前城市非正规就业监督管理“无法可依”的尴尬局面。另一方面，修改不适应实际工作需要的现有相关制度，增加关于旅游非正规就业监管的具体规定，明确旅游非正规就业者经营标准和要求、监督和管理责任主体、监管责任界限等内容，强化服务意识，提高监管水平。

（二）明确行政监管主体

一方面，继续加大现有行政体制改革，明确城市旅游非正规就业管理的行政主管部门，设立或划定专门机构对旅游非正规就业经营区域划定、市场秩序监管、违法行为查处，以及职业培训、社会保障等方面进行统筹管理，进一步提高旅游非正规就业管理的能力和效率。

另一方面，继续完善协作监管机制，明确各管理部门的主体责任，主要包括：各

级政府要坚持属地化管理，落实旅游非正规就业的监管责任，提升监管服务水平；旅游、工商、城管、交通、公安等行政职能部门要发挥各部门的专业监管职责，强化日常监督检查和分类监管，同时不断加强各部门间的信息沟通和联合监管，协调好旅游非正规就业管理中的联合管理和综合执法。

（三）树立管理服务观念

首先，深入了解城市旅游非正规就业存在和发展的客观规律，承认其存在的合理性和积极意义，尤其是需要认识到旅游非正规就业对于社会稳定、推动城市经济和旅游业发展的重要作用。最后，科学认识城市旅游非正规就业，合理区分“旅游非正规就业”与“非法就业”“违法经营”的界限，消除歧视心理和管理偏见，促进旅游非正规就业的科学管理和健康发展。最后，树立服务意识，转变原有的“管理者”姿态，将旅游非正规就业者视为“服务对象”，坚持市场监管与为民服务相结合，深入了解旅游非正规就业者群体的生活状况、职业发展需求和困惑，为其提供必要的职业咨询、资金和政策扶持。

（四）构建精细管理机制

首先，积极调动社会公众力量参与监督管理，构建“政府主导、多元参与”的旅游非正规就业管理机制，打破部门之间、行业之间、上下之间的界线，形成由政府部门、城市居民、旅游企业、游客等多元主体构成的“共管”平台，推动城市旅游非正规就业管理的社会化。其次，根据旅游非正规就业经营特性，并结合各类型的旅游非正规就业对旅游市场秩序和城市环境的影响程度，采取灵活的分类管理模式。例如，对于无证导游（野导）可以适时考虑对其进行培训，实行合法化引导；对于不存在安全问题的流动商贩，在规范管理的前提下可以包容接纳；而对于存在严重安全隐患和损害消费者权益的黑车、黑中介等则加大整治力度，坚决予以取缔。再次，根据城市规划与旅游产业发展布局，为旅游非正规就业者设置专门的经营区域，同时实行证照管理，对符合经营条件的旅游非正规就业者，依法为其颁发营业证照，指导其合法经营，而对不符合经营条件和未依法获得营业证照的，坚决予以取缔。最后，加强对旅游非正规就业者进行职业培训，帮助其提升现有职业技能和服务质量的同时，也有助于他们掌握其他工作技能，拓宽就业创业渠道，提高收入水平。

粤港澳区域旅游合作研究

项目主持人：广东省旅游发展研究中心　李国平

项目批准号：17TABG015

资助金额：3 万元

起止日期：2017 年 4 月—2018 年 4 月

一、研究背景

区域旅游合作是促进区域经济发展、文化交流与社会和谐的有效途径。粤港澳三地地域相连，文化同源，改革开放40年来，粤港澳区域旅游合作已经取得了显著成效，对稳定繁荣香港、澳门经济，推进广东旅游产业升级发展都做出了重大贡献。当前，随着“一带一路”倡议的深入实施、“粤港澳大湾区”国家战略的提出、港珠澳大桥的开通，粤港澳区域旅游合作进入了新的发展阶段，面临新的机遇和挑战。在此背景下，粤港澳区域旅游合作应从哪些方面进行突破、合作路径应作如何调整、采用何种策略应对等，这些均需要进行深入研究与思考。本研究为新时代背景下特殊区域旅游合作的应用研究，旨在通过分析粤港澳区域旅游合作历程与现状，探索新形势下三地旅游合作机制与合作重点，为进一步深化粤港澳区域旅游合作提供智力支持和决策参考。

二、研究方法

本研究主要采用实地调查方法和系统分析方法进行问题梳理与剖析。一是通过开展实地调查和参与性访谈获取相关一手资料和数据，深入分析和了解粤港澳三地旅游合作发展现状、综合特点及演变机制。二是以系统的视角梳理粤港澳区域旅游合作中存在的问题，形成系统性框架的问题目录树，并结合实践发展经验和新时代发展要求找出解决问题的可行方案。

三、研究内容及结论

（一）粤港澳区域旅游合作发展历程

改革开放 40 年来，粤港澳三地间的旅游合作主要经历了萌芽、发展和深入合作三个阶段，取得了显著成效。

（二）粤港澳区域旅游合作中的三方述求

对广东而言，需要对接港澳的国际客源市场开发经验，发挥旅游资源和区位优势，提升旅游国际化水平和吸引力，在全国对外开放的旅游发展格局中走在前列；对香港而言，需要加强国际旅游大都会的创新活力，保持商务、邮轮、主题公园等旅游产品的竞争力；对澳门而言，需要致力于世界休闲中心建设，以旅游休闲为动力促进经济适度多元化，避免对博彩业的过度依赖，推动解决土地、人才、腹地等短板问题；三方共同诉求为联合开发“一程多站”旅游产品，开拓国际国内两个客源市场，维护优质旅游市场秩序，增强区域活力与竞争力，应对国际旅游竞争和挑战，共建宜居宜业宜游的粤港澳大湾区。

（三）粤港澳区域旅游合作中亟待解决的问题

一是现有合作机制对旅游市场要素合理流动的束缚依然较大；二是区域组合优势尚未能转化成区域整合优势，区域旅游资源优势尚未能转化为区域旅游产品竞争优势；三是在差异性互补合作有待加强，香港带动提升区域旅游国际化水平的潜力还未完全发挥，广东自身旅游发展不充分，对作为粤港澳区域旅游战略腹地和主战场的支撑不够，澳门旅游发展的空间局限性突出，旅游业对经济适度多元化的贡献有待加强；四是区域旅游合作的实招和办法还不够多，平台建设、载体选择还需要进一步优化。

（四）粤港澳区域旅游合作需要实现的四个根本转变

一是由区域性的地方层面旅游合作向国家战略层面的粤港澳大湾区世界级旅游区发展和建设转变，二是由相对松散的自发式旅游合作向路线图指引的区域旅游合作模式转变，三是由政府层面为主的区域旅游合作向市场力量广泛参与的多层次全方位合作模式转变，四是由地区性旅游事务合作为主向国际旅游目的地品牌共同打造转变。

（五）粤港澳区域旅游合作动力

粤港澳旅游合作受国家战略驱动力、市场发展驱动力、经济发展驱动力、技术进步因素的驱动力、统筹协调的现实束缚力、基于社会文化因素的客观阻力等动力因素影响，在不同动力的相互作用下发展。

（六）粤港澳区域旅游合作目标

建设成为具有较高知名度和竞争力的国际旅游目的地和游客集散地，世界一流的大湾区都市旅游圈，亚太乃至世界旅游休闲服务创新基地，中国旅游发展国际化、现代化、一体化的示范区，优质休闲生活圈。

（七）粤港澳区域旅游合作机制

一是建立粤港澳大湾区框架下的旅游合作机制，二是建立多元诉求视角下的粤港澳旅游合作机制，三是建立基于动态发展过程的区域旅游合作机制，四是建立对外开放的区域旅游合作机制，五是建立社会各界广泛参与的多层次旅游合作机制。

（八）粤港澳区域旅游合作重点领域

着眼旅游产品开发、旅游市场推广、旅游基础设施建设、旅游才人培养、旅游市场监管等领域，提出深化粤港澳区域旅游合作的任务与举措。

（1）深化“一程多站”的旅游产品开发。一是加强商务会展旅游合作，将商务会展旅游市场作为今后区域旅游合作开发的战略方向和重点，联合打造“国际最佳会议城市集群”；二是加强文化旅游合作，共建世界美食之都、共同开发海外华侨与港澳同胞“寻根问祖”旅游线路、共建珠中澳大香山文化旅游区、共建海丝文化旅游品牌；三是加强滨海旅游合作，共建世界级旅游海岸带、共建世界级邮轮母港集群、加快推进粤港澳游艇旅游合作、打造横琴暨万山群岛旅游合作示范区；四是加强康养旅游合作，依托粤港澳气候条件优势与发达的医疗资源，培育“中国暖冬旅游目的地”品牌，鼓励港澳居民入粤养老养生；五是发挥集聚效应，加强在都市观光、娱乐购物、主题公园、体育旅游等方面的合作。

（2）加强旅游市场联合推广。丰富联合推广线路内容，加强联合推广活动组织和参与，共设海外联合推广中心，创新旅游联合推广方式。

（3）推动旅游基础服务设施共建。加快无障碍旅游交通网络与区域内旅游集散体系建设，加强区域内旅游集散体系建设，共建“智慧旅游”服务平台。

（4）联合打造科研教育高地。以旅游高等教育名校名院集群、高端旅游职业技能培训基地集群、旅游科研与创意设计机构集群三个集群和一个高端旅游智库建设为重点，通过粤港澳三地联程实训，名师共享、智库共建、论坛共办、资质互认、人才交流、国际拓展、联合科研攻关、共建远程旅游教育网络等有效途径，共同打造世界一流的旅游教育培训与科研创新高地。

（5）推进旅游市场联合监管。建立旅游市场综合监管协调机制，推进三地旅游行业诚信体系建设，加强区域旅游标准对接。

（九）粤港澳区域旅游合作热点

聚焦粤港澳大湾区城市群旅游发展、粤港邮轮母港群建设、粤港澳游艇自由行、自贸区旅游合作、研学游学旅游合作、港珠澳大桥开通利好等热点，加强粤港澳区域旅游合作平台建设。

（1）推进粤港澳大湾区城市群旅游整合与品牌建设。一是加强地标性旅游吸引物集群的整体宣传推广。二是加强邮轮母港集群、游艇旅游产业集群、温泉集群、滨海度假产业集群、主题公园集群、品牌酒店集群、美食街区集群、节事会展旅游品牌集群、商业休闲街区集群等多元化优势旅游产业集群培育。三是加强珠中澳香山文化旅游圈、港珠澳旅游圈、广佛肇旅游圈、深莞惠旅游圈、珠中江旅游圈等跨区域、次区域旅游对接与整合。

（2）共同打造粤港邮轮母港群。一是完善粤港两地邮轮产业发展协调机制，争取邮轮 144 小时过境免签与“外国旅游团乘坐邮轮入境 15 天免签”等便利通关政策。推动广州、深圳、香港三地建立邮轮产业发展联盟。二是建立邮轮资源共享、产品共建、客源互送的市场联合机制，强化港口差异化宣传，设立海外邮轮推广中心。三是加强与国际邮轮公司合作，建立产学研一体的人才培养平台，支持粤港两地联合开办国际邮轮学院。四是构建完善的邮轮产业体系，提升粤港邮轮母港区域竞争力。

（3）加快推进粤港澳游艇自由行。贯彻落实《中国（广东）自由贸易试验区粤港澳游艇“自由行”实施方案》，进一步优化配套政策或实施细则，简化游艇通关手续，加强粤港澳游艇自由行的推进力度。

（4）充分发挥自贸区旅游合作的先行作用。利用广州南沙、深圳前海—蛇口、珠海横琴广东三个自贸区建设的契机，在粤港澳旅游合作政策、离境退税、国际旅游人才引进、商务休闲与旅游功能融合发展等方面先行先试，建设粤港澳区域旅游合作示范区。

（5）积极推动研学游学旅游互动。共同策划开发岭南文化、海丝文化、近现代革命史、高科技文化、国家重大工程等主题多元、“一程多站”的研学游学旅行线路，进一步推动粤港澳三地青少年合作交流，增强爱国爱乡的荣誉感和自豪感。

（6）紧抓港珠澳大桥开通的利好机遇。一是大桥本身形成了新的高品位旅游吸引物；二是粤港澳三地游更为便捷，原来局限于粤港、粤澳、港澳两地游的格局发生变化；三是近距离联通了港澳到粤西、珠江西岸城市乃至广西的游览线路。应加快解决港珠澳大桥游览观光的相关技术问题，完善港珠澳大桥的旅游服务配套，推进港珠澳大桥旅游产品开发。积极推进珠中江阳城市群与港澳地区旅游合作。

（十）粤港澳区域旅游合作政策建议

一是进一步优化外国人旅游团“144 小时便利签证”制度；二是推进粤港澳通关便利化，继续推进“合作检查，一次放行”通关模式；三是探索推进粤港澳三地旅游执业资格互认制度。

四、创新之处

粤港澳作为一个紧密联系的整体，不能割裂来看待三者之间的联系，也不能脱离时代特点看待三者之间的联系。本研究一方面充分考虑新时期国家战略、政策环境、基础环境的变化对粤港港区域旅游合作产生新的影响，以动态发展的视角观察和分析粤港澳区域旅游合作；另一方面，从传统的单向视角向多向视角转变，站在粤港澳三方诉求的角度研究粤港澳旅游生态圈的合作，形成了粤港澳区域旅游合作的系统性研究框架。

五、应用价值

粤港澳区域作为全国典型的区域旅游合作样本，通过粤港澳旅游深化合作，将进一步推动内地与港澳之间的合作交流，可为区域旅游合作，尤其是全国其他省市区在加强与港澳之间的旅游合作方面提供借鉴。本研究从应用性和实操性入手，结合当前粤港澳区域旅游合作中的合作重点领域与合作热点深入研究，探索在不同制度下旅游合作政策与模式，对于更好推进粤港澳区域旅游合作有着现实的参考意义。

中国国家旅游原生形象偏差的形成、效应及引导机制研究

项目主持人：天津财经大学　李正欢

项目批准号：17TACG016

资助金额：3 万元

起止日期：2017 年 4 月—2018 年 4 月

一、研究背景

（一）国家旅游形象偏差改进是我国入境旅游增长滞缓下的现实需要

伴随着中国的改革与开放，中国在经历了 30 年封闭所形成的神奇性、神秘感、吸引力以及由此所积蓄的市场能量（匡林，2013），给中国入境旅游带来了“封闭红利”（戴斌，2014）。随着中国越来越融入国际社会，支撑中国入境游市场发展的封闭红利逐渐消失，中国入境旅游尤其是外国旅游者人数从 2008 年至 2015 年出现八年徘徊，国际旅游收入与人数、效益与规模均不同步。多项研究表明，国家旅游形象是影响国际旅游目的地选择、评价、重游意愿及推荐意愿的关键因素，国家旅游形象的塑造者通过多种渠道和方式将信息编码传递给目标受众，但目标受众对信息进行解码的过程则可能依赖于固有的文化认知，这一认知图式与主体的编码图式往往存在偏差。国家旅游形象偏差可能成为目的地营销的障碍。例如，匡林（2003）指出鉴于社会制度、意识形态、人文氛围等差异，西方社会对中国国家形象的误读与扭曲屡见不鲜，加之中国国家形象塑造的国家机制以及国家旅游形象管理落后，使得国家旅游形象的改进阻力重重，再加上中国疆域辽阔、信息庞杂、产品高度异质，对国际潜在旅游者而言

是一道道厚实的形象“屏障”，由此影响了客源国游客对中国国家旅游形象的感知。因此，改善国家旅游形象偏差是提升我国入境旅游的重要工作之一。

（二）国家旅游形象偏差：自我与他者认知的互动与博弈

美国政治学家 Boulding 认为：国家形象是一个国家对自己的认知以及国际体系中其他行为体对它的认知的结合；它是一系列信息输入和输出产生的结果，是一个“结构十分明确的信息资本”。同样，当国家作为旅游目的地出现时，其国家旅游形象也是目的地国家与客源国互动的产物，信息媒介在其中扮演了重要的角色，然而信息输入与输出并非对等，国家希望传达“自我期许的形象”，但是旅游者却可能“无动于衷”或坚持“刻板印象”或产生“犹豫心理”，由此产生感知偏差，从而引发旅游形象的“认同与错位”。国家旅游形象的传播，不是自说自话，而是文化间的跨越和意义的传通，离开了他者的自我形象将失去传播的意义（马诗远，2010）。因此，国家旅游形象也是目的地自我认知与客源国感知的博弈结果，使得有必要从他者认知反观自我塑造中的偏差。

（三）国家旅游形象感知：新旧媒介结合的内容迭代生产

国家旅游形象感知包括媒介、游客对目的地国家的总体印象与评价，媒介包括重大事件（Moon 等，2001）、传统媒体（包括电视、杂志、报纸等）、纸质宣传媒介如旅游宣传册与明信片、影视剧、旅游网站以及社交媒体。可获得性—判断性理论指出：可获得性的信息内容越丰富具体，信息判断能力则越强，其被受众采用可能性就越大。Herr 等（1991）进一步验证了鲜明具体的信息内容对产品判断产生了显著影响。显然新媒介下，国家旅游形象的传播特点、传播内容生产方式、用户与媒介之间的关系发生了显著变化，塑造机制也随之发生改变，因此多角度考察传统媒介与新媒介下国家旅游形象偏差生产机制，更有助于综合不同媒介的优势。

（四）国家旅游形象偏差：话语背后的权力隐喻

国际旅游除了受目的地国家吸引力与客源国出游基础两大因素影响以外，更是国家之间在政治、经济、地理、文化等多种因素制约下的双向互动。因此，国际旅游竞争表面上看是旅游资源丰度与美誉度的竞争，但其核心是以文化为背景的不同地域的人类文明竞争，其作为经济活动却在社会网络、文化、政治和宗教中进行了嵌入，背后交织着信任、文化势差、认同、互惠关系、外交关系、亲密程度、殖民主义等权力关系。因此探究中国国家旅游形象偏差形成的权力因素，有助于了解影响国际游客访

华的传统因素与非传统因素，为中国旅游海外营销提供更为精准的依据。

二、研究方法

本研究基于媒介话语，从旅游形象传播关系和权力关系两个视角，采用语料库语言学、网络爬虫与数据挖掘、话语分析、隐喻分析等方法对跨文化语境中旅游形象偏差的成因、效应及引导机制进行了研究。

（一）网络爬虫与数据挖掘

利用网络爬虫对网页进行抓取，利用数据挖掘对网页上海量的旅游者评论信息进行深度挖掘，揭示出隐含的并有潜在价值的信息。运用 Python2.7 对网络爬虫信息进行文本分类与聚类、信息抽取与文本挖掘、复述与文本生成、话题检测与跟踪、情感分析、语料库与词汇知识库等。

（二）语料库语言学

将语料库与计算机分析软件结合，用来分析主流媒体中的大量文本，使用的软件是 Wordsmith Tools Version 6。

（三）话语分析

考察客源国对中国国家旅游形象感知是如何使用话语来进行互动、交流与评价，并揭示其背后的权力关系。主要使用了批评话语分析和批评隐喻分析两种话语分析工具，使用的软件分别是 Wordsmith Tools Version 6 和 Wmatrix。

三、研究内容及结论

本研究主要包括七个部分，内容与主要结论如下：

第一章是引言，交代了研究的选题背景、研究意义和研究方法。

第二章是文献综述，主要对国家旅游形象的研究文献进行了定量分析，并对国家旅游形象的维度、测量以及媒介话语中的旅游形象研究进行了评述。

第三章和第四章是中国国家旅游原生形象中的投射形象分析。第三章是中国国家旅游原生形象中的投射形象构建：媒介话语视角。系统梳理了中国关于国家旅游形象塑造的政策文本、中国历年的旅游宣传主题及口号、中国在海外的旅游宣传活动，并重点对中国的国家旅游形象宣传片进行了分析。第四章对《中国日报》海外版（《China Daily》）对中国旅游业报道进行了话语分析，以全面阐述中国国家旅游投射形象的特征。

第五章和第六章是对中国国家旅游原生形象中的感知形象进行分析。第五章重点对《孤独星球》论坛旅游者的评论做话语分析，首先用爬虫软件抓取了孤独星球论坛关于中国旅游业的所有发帖，其次建构了由旅游吸引物、基础设施与服务、旅游基础设施与服务和目的地社会与旅游环境 4 个主类目和 24 个次类目构成的旅游感知形象属性内容分析类目，利用大数据挖掘对文本进行了分析。第六章选择美国主流媒体《纽约时报》对中国旅游业的报道进行了（1980—2018 年）话语分析和隐喻分析，并对美国媒介中中国国家旅游形象的演变（要素演变和情感演变）进行了分析。

第七章是中国国家旅游原生形象偏差的形成、类型及效应。研究内容包括：

参照 Yeoman 的“目的地品牌价值轮”对中国国家旅游的投射形象与感知形象进行了概括与描绘。分析了中国国家旅游原生形象的偏差的形成主要归于信息偏差和关系偏差。信息偏差主要包括信息符号的偏差与信息符号的意义偏差，关系偏差则反应在意识形态、文化认同差异、国家关系、文化殖民主义等权力关系上。

中国国家旅游原生形象偏差的类型分析。将国家旅游原生形象分为“自我认知形象”“他者认知形象”“自我期待形象”和“他者期待形象”四个形象，建构了中国旅游原生形象偏差的矩阵图，将中国旅游原生形象偏差类型划分为 17 种。

中国国家旅游原生形象偏差的效应分析，不同的偏差类型会对目的地投射形象带来四种效应，即自我感觉良好型、自说自话型、他者感知中心型、他者需求中心型，也会对客源国旅游者带来文化认同、文化对抗与文化间离三种文化心理效应。

国家旅游形象偏差的引导机制。主要从信息引导和关系引导两个角度来探讨：

信息引导主要反映在信息内容与信息的传播渠道两个方面：（1）信息传播内容上，首先必须厘清国家形象与国家旅游形象之间的区别与联系。其次投射形象与感知形象的符号组合在深层结构上有明显的差异，投射形象与感知形象彼此对照下的信息符号偏差，正是形象偏差的重要载体。投射形象往往倾向于使用表达国家积极的、正面的符号，甚至在进行国家形象的对外传播时，过分颂扬国家、政府好的一面，给其他国家留下了一个只会“歌功颂德”、缺乏媒体报道客观真实性的印象。但那些被投射形象故意忽略的符号却可能出现在游客的感知形象中，从而引发旅游者对目的地形象的反感。因此，在信息传播内容上，应避免投射形象塑造中的自我感觉良好和自说自话，而应该从“他者感知”这面镜子来反观国家旅游形象的塑造与传播效果。（2）信息传

播渠道上，可从以下几个方面着手：与海外媒体合作；主流媒体要与新媒体融合；通过举办国际重大盛事来提升目的地形象；通过设计国家旅游形象宣传口号、主题活动来提升中国的目的地形象；突破国家旅游宣传片的“中国式宣传腔”，用文化自信讲好中国旅游故事；充分利用社交媒体，展示一个真实的中国。

关系引导上可从文化间性视角来加以审视。自我认知与他者认知、自我期待与他者期待之间形成的偏差，背后是客源国与目的地国之间的关系。差异性是“文化间性”存在的前提，也就是说文化差异性的存在决定了文化之间的可交流性。媒介话语的国家旅游形象传播意味着在一种文化中编码，却在另一种文化中解码，即在承认文化差异前提下进行交流和沟通，一种文化话语只有在与“他者”交往中才能获得意义，只有在与“他者”文化的意义接合中才能彰显自身价值。也就是说，自我文化与他者文化相遇时，承认差异并且尊重他者，将话语互动作为根本，通过对话在相互作用和影响中发生内在关联，方能跨越文化对抗与文化间离的藩篱，从而实现自我与他者之间积极有效的意义交流。

四、创新之处

（1）将客观国与目的地国的关系同框，从信息媒介与权力关系视角，多角度、深层次分析影响国际游客对中国旅游目的地的选择与评价因素，是对国家旅游形象在大数据时代的开拓性尝试。

（2）研究方法具有针对性。①基于传统媒体与用户生成内容的社交媒体论坛，对海量数据进行挖掘和分析，能更全面客观地了解中国国家旅游形象的偏差，克服问卷调查、内容分析等方法所带来的偏差问题。②利用话语分析对中国国家旅游形象进行深描，探索其形成的内在机制，能更好地了解影响我国入境旅游传统因素与非传统因素，研究的针对性与综合性更强。

五、应用价值

本课题对于我国国家旅游形象传播及中国入境旅游发展具有一定的理论和实践指导意义。探究中国国家旅游形象偏差形成原因及引导策略有助于了解我国现有国家旅游形象建设中存在的问题，从而能够更为准确地定位国家旅游形象，提升国家旅游形象传播效率，更加精准地向海外旅游者传播旅游形象，进而完善中国入境旅游发展的机制。

我国高绩效旅游学者合著网络演化、合作模式及内在机制

项目主持人：华侨大学　李勇泉
项目批准号：17TACG017
资助金额：3 万元
起止日期：2017 年 4 月—2018 年 4 月

一、研究背景

（一）知识创新与融合成为科学技术发展的大趋势

2016 年，国务院《“十三五”国家科技创新规划》中指出，“十三五”时期是进入创新型国家行列的决胜阶段，是深入实施创新驱动发展战略、全面深化科技体制改革的关键时期。在我国经济与社会发展新常态下，科学发展在向各个尺度纵深演进，学科领域从多点突破、学科知识交叉融合趋势日益明显。在此背景下，知识创新与知识融合是全球科学技术发展的大趋势，在知识融合进程中学者之间的科研合作与知识创新绩效成为备受学界关注的研究议题。

（二）合著发文成为我国旅游学术研究的普遍现象

公开发表的学术论文是一个学科发展的重要衡量指标。中国旅游学者合作发文日渐成为主流模式，高度专业化的学术研究使得单枪匹马的科研模式难以适应新常态下的学术研究，合著成为旅游学科学术研究的普遍现象。而在旅游研究成果数量快速增长的同时，我国旅游研究的质量及国际学术影响力与西方国家仍存在差距，且国际影

响度并不高[1, 2]。学者间的科研合作质量有待提高，我国旅游学科存在少数核心作者合作广泛但内聚力不强等问题[3]。旅游学科学术研究与我国旅游产业高速发展不匹配。

（三）旅游学科多学科背景交叉，学者合作脉络有待挖掘

国内旅游学研究始于 20 世纪 70 年代末[4]，旅游学科是一个多学科背景交叉的应用型学科，具备不同学科背景的学者研究议题甚广，包括地理学、管理学等诸多学科内容。学者间的科研合作是一种隐形的知识传递与关系互动，形成了无形的学术关系网络，具备不同学科背景的旅游学者之间的合作推动了旅游学科理论与实践发展。旅游学者如何建立稳定的科研合作关系，以怎样的方式开展科研合作活动更高效成为旅游学术研究亟待解决的问题。

然而回顾前人文献，目前旅游领域较少学者深入挖掘我国旅游学者的科研合作关系脉络与形成机理。综上所述，本研究在我国旅游学科高绩效旅游学者和旅游学者科研合著网络关键概念界定的基础上探讨以下问题：（1）我国旅游领域学者国际发文合作关系网络呈现何种演变规律？（2）驱动我国高绩效旅游学者科研合著关系网络演变的因素是什么？（3）其演化机制与内在机制是什么？通过挖掘我国高绩效旅游学者的科研合作网络演化规律，对提升我国旅游学者学术影响力、推动旅游学科发展有重要现实意义。

二、研究方法

（一）社会网络分析法

社会网络分析方法以关系和结构的角度研究复杂与嵌入在网络中的社会行动者个体间关系。该方法能够有效地测量社会网络关系与结构[5]，是较为普遍使用的研究社会过程和问题的研究方法，本研究使用 Ucinet6.0 等软件构建高绩效旅游学者的合著关系矩阵，以可视化图谱形式呈现我国高绩效旅游学者合著网络结构形态，并以社会网络指标量化高绩效旅游学者合作关系。

（二）深度访谈

深度访谈主要通过与被调查者深入地交谈来了解某一社会群体的生活经历和方式，从中分析特定社会现象的形成过程，并提出解决社会问题的思路和方法[6]。本研究采

用半结构式的深度访谈，围绕学者科研合作设计访谈提纲，通过与高绩效旅游学者深入交谈来了解学者学术成长脉络及科研合作具体情况，以访谈资料等一手数据验证二手论文数据的有效性。

（三）内容分析法

客观文献数据难以了解研究对象更具体、直接的信息。因而，研究在文献探讨与客观数据呈现结果基础上，以半结构式的深度访谈、整理二手文本资料系列方式进一步获得我国高绩效旅游学者科研合作内在驱动因素及社会关系，从而多渠道验证客观数据结果，尽可能保证研究结果的可靠性与全面性。采用三角检定法提高信度，对不同的访谈对象提供的数据和不同方式获取的数据进行对比，并选取能够得到多重来源支持且相互印证的信息进行分析[7]。

（四）文献计量法

文献计量法是一种以科技文献的各种外部特征作为研究对象的定量分析方法，研究文献数据的分布规律[8]。本研究研究我国高绩效旅游学者已发表文献的外部特征及分布规律，包括学者发文量、机构分布等。

三、研究内容及结论

（一）研究内容

（1）我国（大陆及台港澳地区）旅游学者合著网络演化分析：选择 2017 年 Web of science 引文索引数据库中收录的 23 本旅游类 SSCI 期刊，全面检索 1983—2017 年我国（大陆及台港澳地区）旅游学者发表的文章作为研究样本。测算研究数据涉及的我国旅游学者科研创新绩效并确定我国高绩效旅游学者群体，根据学者学术生命周期构建纵向的科研合著网络，分别从各个阶段的科研合著网络规模、网络密度、节点中心度等指标进行演化分析。根据我国高绩效旅游学者的科研合著网络特征值特点并结合其教育背景等信息将我国高绩效旅游学者的科研合著网络演化分为三种类型进行具体分析。

（2）我国（大陆及台港澳地区）旅游学者科研合作模式研究：建立在前文对我国高绩效旅游学者科研合著网络演化分析的基础上，重点根据各个阶段的科研合著网络

特征与网络拓扑结构判断我国高绩效旅游学者群体的典型科研合作模式，识别我国高绩效旅游学者四种典型科研合作模式，并分析典型科研合作模式呈现的结构特点、合作者构成等。

（3）我国（大陆及台港澳地区）旅游学者科研合著网络形成机理研究：分析我国高绩效旅游学者群体科研合著网络演化形态后，通过文献回顾、理论分析等，分析我国高绩效旅游学者科研合著网络特征与其创新绩效的关系并进一步探究我国高绩效旅游学者的科研合著网络的形成机理、驱动因素和关系建立、互动、解除的运行机制。从旅游研究者本质动机与科研关系建立的原则提出我国高绩效旅游学者科研合著网络形成的直接动力与间接动力，阐述我国高绩效旅游学者科研合作关系形成的原则。

（二）研究结论

（1）从我国（大陆及台港澳地区）高绩效旅游学者的科研合著网络演化看：①我国高绩效旅游学者的科研合著网络演化可类比生命周期的划分原则分为"初创期—上升期—过渡期—稳定期—衰退期"。②根据我国高绩效旅游学者的科研合著网络特征并结合学者教育背景等信息，可将我国高绩效旅游学者的科研合著网络演化具体分为三种类型。③我国高绩效旅游学者群体的科研合著网络经历了简单到复杂、派系独立到派系交叉、结构分散到结构集中的演变路径。④我国高绩效旅游学者的科研合著关系稳定性较低，合作关系与合作对象变动频繁，自组织小群体不断更替。⑤我国高绩效旅游学者的科研合著网络演化符合三元闭合规律。

（2）从我国（大陆及台港澳地区）高绩效旅游学者科研合作模式看：①根据科研合著网络中合作主体身份异质性与地理距离分析维度，发现我国高绩效旅游学者存在四种典型科研合作模式：师生型、团队型、跨平台型与综合型。②合作者嵌入在变化的科研合著网络中，因而在不同学术生命周期中占据主导的合作模式不同，由此本研究提出我国高绩效旅游学者合作模式演变的一般路径。

（3）从我国（大陆及台港澳地区）高绩效旅游学者的科研合著网络形成机制看：①我国旅游产业的迅猛发展与旅游学科学术研究的持续发展是推动学者科研合著网络形成与演化的基础动力。②科研合著网络结构中的"差序格局"是推动我国高绩效旅游学者科研合作关系不断演化，互动的直接动力。③科研合作关系建立的原则包括了同质性原则与异质性原则。④知识距离和经验确实影响学者个人创造力，并是影响旅游学者产生新想法的前因变量。⑤适度的知识距离为学者创造力提供了最佳条件。

四、创新之处

（一）研究视角创新，考虑网络动态演化及时间序列

本研究以社会网络视角研究高绩效旅游学者群体的科研合著网络演化。已有研究集中于探讨合作网络的静态拓扑结构特征，对微观视角下的学者个体的科研合著网络演化关注较少，旅游学科内更是极少研究成果。本研究建立在学者科研合著网络是动态演化的基本前提下探讨我国高绩效旅游学者科研合著网络演化规律，从动态视角分析结构变化与关系演变。

（二）研究方法创新，量化研究与质性研究，一手资料与二手资料

研究结合文献计量法与社会网络分析法对客观数据进行分析，为获取更为全面、具体的成果，采用质性分析的方法对定量研究方法结论加以验证。对于科研合作网络分析部分，主要以客观数据为主，客观二手数据能够客观呈现网络形态演变，辅之以一手数据验证二手资料，即通过深度访谈等形式与研究对象进行直接的调研接触。

五、应用价值

（一）为旅游学者提高科研绩效，提升学术竞争力提供参考

科研人员在合作与交流中能产生新思路与想法，获取新知识。良好的科研合作关系是学者获取学术资源能力的重要体现，也是学者学术竞争优势的重要来源。目前我国旅游学者国际发文量呈增长趋势，但国际学术影响力仍有待提升，内地学者普遍缺乏长期稳定的科研合作关系。熟悉现阶段国际旅游学术研究现状十分有必要，如何扩大对外合作交流，注重研究成果的学术贡献与国际影响力是旅游学科目前面临的重要议题。本研究全面检索我国旅游学者国际发文记录，科学分析科研合著网络演化机理，可望为我国旅游学者提高国际学术影响力提供有效参考。

（二）为高校及旅游科研管理机构制定科研管理政策提供理论借鉴

本研究覆盖SSCI数据库中23本旅游类相关期刊发文数据，成果能够基本反映我国旅游科研发展规律，呈现我国高绩效旅游学者科研合作发展的脉络，可望指导两岸

四地的科研管理机构实施科研政策实践，推动学科科研管理发展。

（三）指导我国旅游产业良性发展，推动旅游学科学术共同体发展

科研合作背后隐含旅游学者的知识交流与关系互动，探索我国旅游学科高绩效学者科研合作的普遍规律及背后的学者关系网络与知识网络，一定程度上为旅游学科学术共同体的发展提供理论参考。

全域旅游时代景区旅游产品结构演化和业态创新研究

项目主持人：南开大学　妥艳媜

项目批准号：17TABG018

资助金额：3万元

起止日期：2017年4月—2018年4月

一、研究背景

景区是构成目的地旅游业发展的基本单元，是整个旅游产业链的核心。随着旅游供给侧改革的不断深入，全域旅游发展理念的全面实施，我国景区旅游产品结构优化和业态创新既是实现旅游供给侧改革的关键节点，更是亟待探索研究的重要理论问题。本项目将针对我国景区旅游产品结构及存在的问题，旅游产品和业态创新的影响因素等内容进行深入研究，提出景区旅游产品和业态创新的对策建议。

二、研究方法

本项目运用了文献分析法、实地调查法、深度访谈法和案例分析法，本研究立足17个景区的调研考察，15位景区管理者的深度访谈和16个中外景区案例的比较分析，以及多种二手数据，分析了我国景区产品结构及演化基本特征，探索性地研究了影响景区旅游产品和业态创新的主要因素，当前景区开发和创新中存在的突出问题，并在此基础上，提出我国景区旅游产品和业态创新的对策建议。

三、内容及结论

整个项目从四个部分进行了研究分析，各部分之间紧密联系，逻辑架构严谨。具体研究内容如下：

（一）景区及其旅游产品创新理论的研究

景区和旅游产品研究一直是旅游研究的主要领域，形成了较为丰富的研究成果，主要集中在景区营销、景区产品、景区游客行为及管理、景区安全、景区门票等方面。通过梳理已有研究，我们发现：现有研究多为基于某个区域或目的地景区产品空间结构及演化的探索，而对某个国家整体景区及旅游产品结构的研究不足；已有研究主要基于旅游产品供给方即景区视角，而基于旅游者视角的分析不足；对于景区旅游产品创新问题，已有研究明显不足，且直接借用了营销学中关于产品创新的研究成果，忽视了景区情境的特性；已有研究对景区业态创新的概念界定仍比较模糊，描述性、思辨性和经验归纳类研究较多，科学的实证研究相对不足。同时，我们也看到针对我国景区及旅游产品的深度研究较少，这与当前景区创新实践较为活跃丰富的现实，形成了较为鲜明的对比反差。

（二）我国景区旅游产品结构及演化研究

本部分内容基于我国景区发展的基本情况，重点研究了传统景区和新型景区的旅游产品结构、类型及其基本演化特征等。从整体来看，我国景区的数量、质量、景区接待游客量和收入、景区建设及投资都呈现增长和上升趋势，发展势头良好。以 A 级景区为例来看，传统景区方面，A 级旅游景区的主体类型仍为自然景观、历史文化以及度假休闲类，三类景区共占旅游景区总量的 64.18%。乡村旅游、工业旅游以及科技教育型景区在全国范围有扩张趋势。从景区的空间结构分布来看，华东地区 A 级景区数量最多，占总量的三分之一以上，景区总体质量较高；其次是中南地区；西南地区各类型的景区都较少，这与地区经济发展水平以及区域内可开发利用资源的丰富程度和类型有关。西北地区和东北地区的景区等级偏低。通过对 249 家 5A 级景区的旅游产品类型和内容结构进行深入分析后发现，现有景区整体产品结构较为单一；产品类型分布不均，具有明显的地域差异；高等级景区中互动参与类和体验类产品不足，仍是观光类产品占主导。新型景区方面，特色旅游小镇、历史文化街区、新兴旅游度假区、主题公园、乡村旅游景区、旅游创意综合体六类景区近年来发展速度较快，但其旅游产品结构、产品类型、内容、品牌和业态仍有待进一步创新和丰富。

（三）国内外代表性景区旅游产品开发及创新案例比较研究

国内外景区经过多年发展，已形成了多个业界标杆。这部分内容我们运用案例分析方法，从国内外知名景区中重点选取了六类共 12 个案例，分析了这些景区在旅游产品开发中的特色优势和创新做法，同时，“他山之石，可以攻玉”国外景区的优秀经验也是值得我们的景区借鉴，从而为我国景区的良性发展找到思路与出路。具体研究内容和发现包括:（1）研究中六类景区分别选取了中外代表性案例，具体是：主题公园（长隆、迪士尼），文旅小镇（乌镇和轻井泽），博物馆（故宫、卢浮宫），度假酒店（裸心谷、地中海俱乐部），工业旅游（青岛啤酒博物馆、德国大众汽车园），乡村旅游（台湾、普罗旺斯），并对每一个案例景区的旅游产品构成及其特色，旅游产品的历史结构演化进行了分析。（2）在旅游产品分析基础上，本部分比较研究了中外景区在旅游产品和创新方面的突出做法，研究发现：这些成功的景区之所以长盛不衰，重要的原因之一首先是其始终坚持创新，能够有效满足游客的真实需求。这些景区的创新做法都值得中国景区学习和深思。

（四）景区旅游产品创新和业态的影响因素和对策研究

遵循产品创新—产品结构演化—业态创新的研究逻辑，我们认为景区业态创新的关键和本质首先是旅游产品创新，本部分的重点是从三个方面对景区旅游产品创新开展研究。

（1）通过对 15 位长期在景区从事管理和产品开发的受访者进行深度访谈，本项目探索性的研究并识别出了影响景区旅游产品创新的六个影响因素，分别是游客需求、外部环境、旅游人才、技术变革、创新系统，景区因素，并尝试对每一类影响因素进行深入解读。其中，游客需求表明游客对于景区旅游产品的真实偏好和需求会影响景区产品创新，外部环境的影响包括了国内和国际环境两方面，国内环境影响因素有产业政策、投资政策、国家法律、竞争对手，融资环境等，国际环境则主要是国际旅游趋势、国际竞争对手、汇率等因素。旅游人才因素具体是指景区从业人员结构、整体素质、眼界、格局以及创新精神等。以 VR、人工智能、微信为代表的新技术、新社交媒体、新营销方式、新支付方式将深刻影响景区产品创新。创新系统则是指创新精神，创新思维，创新战略，创新机制，激励机制。景区自身因素也是影响景区创新的主要方面，包括景区资源、景区资金、景区人员、景区文化、景区管理制度、景区文化等。

（2）分析了旅游产品开发创新中亟待改善和提升的方面包括：第一，景区开发建设特色不足，同质化现象较为突出；第二，景区对游客需求变化反应迟缓，未能把握游客真实需求；第三，景区旅游产品特色内涵亟待深度挖掘，旅游产品质量体验价值亟待提升；第四，人才是景区创新与发展的重要瓶颈和制约因素；第五，传统景区增长乏力，亟待升级创新；第六，景区管理体制不畅，缺乏创新土壤。这些问题突出地反映出景区供给结构不合理，需要优化，旅游产品需要创新，旅游产品质量需要提升。

（3）综上所述，提出了做好全域旅游背景下的旅游产品和业态创新的八方面思考：第一，识别游客真实需求，构建基于 JTBD 的景区创新战略。第二，打造优质旅游产品体验，提升游客幸福感。通过对旅游产品的情感化、创意化设计，建立为游客服务的文化，景区可与游客共创来进行产品创新与景区价值的共创。第三，形成文化融合和主题鲜明的景区 IP，打造景区品牌和社会形象。第四，善用高新科技实现景区场景提升，创造衍生价值。第五，建立优化旅游人才机制，形成景区创新的“源头活水”。第六，倡导产学研协同创新，推动中国景区理论研究。实现各类旅游人才所在领域实践知识、政治知识、理论知识的对流和转移，促进旅游人才的培养。第七，构建景区创新系统，培育景区创新基因化。第八，优化景区管理制度，完善景区政策立法。探索适应新时代景区发展的管理模式，推动景区建立现代企业制度，并从政策法律上提供保障。

四、创新之处

（1）本研究基于供给方视角，以我国景区实践为例，通过对景区旅游产品结构、演化特征和趋势，景区产品和业态创新的影响因素进行系统研究，将进一步丰富关于景区及其旅游产品创新方面的研究，对国内景区及其旅游产品创新中实践问题进行探索性回答，为学界和业界提供一个对话平台。

（2）本项目的研究将有助于指导景区准确地识别旅游产品创新和优化的影响因素，明确景区创新路径，从而开发优质旅游产品体验，提升景区品质；为全域旅游的发展提供了一个可供衡量的科学依据和指标；同时也为景区行业主管部门提供决策参考依据。

五、应用价值

本项目对我国景区及旅游产品理论发展的现状、景区旅游产品整体结构特征及其演化，影响景区旅游产品和业态创新因素，景区旅游产品开发和创新过程中存在的突出问题进行了较为深入的剖析和探讨，并以此为基础，探索性地提出了在全域旅游背景下景区旅游产品和业态创新的对策建议。研究成果将进一步丰富我国景区是理论研究，将为景区旅游产品开发与创新提供一定的智力支持，有助于推动景区开展创新活动，并为景区主管行业部门提供适当的决策参考依据。

青少年研学旅行与供给侧调整研究

项目主持人：北京大地风景旅游景观规划设计有限公司　邓冰

项目批准号：17TABG019
资助金额：3 万元
起止日期：2017 年 4 月—2018 年 4 月

一、研究背景

研学旅行在我国具有悠久的游学传统，古人“行万里路，读万卷书”的游学理念延续到当代，成为现代青少年素质教育的新内容和新方式。

在国家大力推动研学旅行利好形势下，全国各地的研学旅行也在如火如荼地开展。针对研学旅行供给侧的研究适在其时，有利于根据社会发展趋势调整有效供给，减少社会资源浪费，促进供给与需求的平衡，满足教育改革与消费升级的社会需求，实现“美好生活”的内容支撑。

二、研究方法

本研究采用文献研究法、调查研究法（包括问卷调查、访谈）、案例研究法等研究方法。

（1）文献研究法

选取研学旅游、研学旅行、修学旅游、修学旅行和教育旅游为关键词，检索 1990 年到 2017 年年底一共有文献 312 篇论文进行研究综述。

（2）调查研究法

围绕课题明确涉及的利益相关方（Stakeholder）包括政府管理部门、研学旅行采购方（学校、学生家长、中小学生）、研学供给方（开展研学旅行的教育机构、旅行社）开展调查研究。在研学管理方，访谈了海淀区旅游发展委员会，在研学供给方先后访谈了世纪明德、中科国旅、香山公园、红树林基金会、鸟兽虫木等机构。在研学需求方，通过问卷星上开展《研学旅行供给侧调整调查问卷——家长篇》的问卷调查，获取了510份有效问卷；学校方面通过访谈法和文献法获取北京市第二十中学、第十二中学、永泰小学等学校对研学旅行的需求信息。

（3）案例分析法

为了借鉴国外先进经验，结合国内外研究成果，本课题梳理了欧洲、日本、新加坡等国内外研学旅行的案例，挖掘供需互动的历史规律，为后续研究提供有价值的案例参考。

三、研究内容及结论

（一）主要内容

1. 青少年研学旅行发展脉络研究

厘清自古以来的研学旅行发展脉络，增强文化自信；同时借鉴国内外经验，提供有价值的案例参考；同时，明晰研学旅行的概念定义，统一话语体系，有利于行业发展。

2. 北京市研学旅行供给侧发展现状研究

研学旅行供给侧调整涉及组成因素包括研学资源单位、研学服务机构、研学管理部门三大类。本课题以北京为案例进行研学旅行供给侧的现状研究。

研学旅行资源单位：北京是中国乃至世界的文化遗产富集区，加之60余年的科技、文化的发展积淀，造就了北京的研学资源在文化、科技、人才等方面的明显优势。研学资源类型丰富等级高，资源单位包括原国家旅游局认定的“中国研学旅游目的地”海淀区、“全国研学旅游示范基地”卢沟桥中国人民抗日战争纪念馆等；教育部命名的第一批“全国中小学生研学实践教育基地”（中国人民革命军事博物馆等30家单位）；北京市教委认证的423家社会大课堂资源单位。研学资源半数以上集中在核心城区，核心城区资源以历史古迹、文化设施、城市公园、科技创新为主，郊区资源以山水生态、民俗文化、农业体验为主。

研学旅行服务机构：2012年之前，北京的研学旅行相关机构每年新增注册数量

只有 1~2 家，到 2012 年有明显增长，当年新增注册机构 7 家，2017 年受政策利好影响，市场进一步爆发，新增注册机构为 17 家。多数企业实力中等，注册资本处于 100 万 ~500 万元。但是 5000 万元以上注册资本的企业也有 5 家，占总数的 6%。79 家企业中有 8 家为上市企业，占总数的 10%。从股东结构来看，近两年，多家企业的股东层面出现投资管理公司的身影，说明研学服务机构受资本青睐度逐步上升。在研学领域尽管已经涌现出几大上市企业，由于目前研学旅行市场规模远未达到饱和，各家机构还都处于跑马圈地的阶段，尚不足以构成激烈的竞争关系，并未形成一家独大的垄断局面。

研学旅行管理部门：包括教育部、发展改革委、公安厅（局）、财政厅（局）、交通运输厅（局、委）、文化厅（局）、食品药品监督管理局、旅游委（局）、保监局、团委，新疆生产建设兵团教育局、各铁路局等。北京市教委积累了公共教育产品供给的经验，北京市海淀区旅发委摸索出市场化运作推广的经验。

3. 北京市研学旅行供需格局分析

从北京层面来说，青少年研学旅行包括本地研学、出京研学、入京研学三类。

2016 年 12 月颁布的《教育部联合 11 部委关于推进中小学生研学旅行的意见》标志着研学旅行正式纳入中小学教育计划，也就意味着研学旅行从选修变为必修，从青少年的少量参与变为广泛参与。目前，北京中小学在籍学生人数基本在 120 万人左右。2017—2018 学年，北京市共有 984 所小学，在校小学生 87.58 万人；中学 649 所，在校初中生 26.64 万人，高中生 16.40 万人。

随着研学旅行在各学校的渗透率不断提高，据不完全估算，未来 3~5 年全国研学旅行市场总体规模将超千亿元。据课题组保守估计，北京的研学旅行市场约有 100 亿元规模，其中本地研学（包括社会实践课）市场规模达 5 亿 ~10 亿元，出京研学旅行达 30 亿 ~40 亿元，而入京研学旅行市场则不低于 60 亿元。

在研学旅行需求调查方面，七成以上中小学家长表示孩子参加过研学旅行。孩子参加的研学旅行其中学校组织超过六成，教育机构组织为 35%，旅行社组织仅为 8%，亲子出游为 41%。半数以上的家长表示，除了参加学校组织的研学旅行外，还会在一年中利用节假日安排孩子参加机构组织的冬夏令营或自己带领自助游览学习 1~2 次。学校明确表示，对研学内容的选择上倾向于选择与课本知识相关的内容，帮助学生进一步加强对书本知识的理解。研学地点除了本市外，北京学校选择去的最多的是西安、曲阜、江南等地。

课题组对供需格局的判断为：

·研学旅行的市场需求还有巨大的释放空间，供不应求局面将持续一段时间，未来几年会有更多的传统旅行社、传统教育机构转型加入，甚至资本巨头会进入。

·高品质的研学产品需求远未得到满足，既是从数量上供不应求，同时也存在有效供给不足的局面，有效供给能力有待加强，核心是增加文化类、博物馆教育类、自然生态类和科技类研学产品的高品质有效供给。

·在满意度调查中，可以看到家长对学校组织的研学旅行，主要是在场地条件上不满意，而对机构组织的研学旅行则是对教师讲解最不满意。

·高品质的研学旅行课程至关重要但供给数量不足，具有丰富专业知识和实践经验的优秀研学导师也是严重缺乏。

·研学旅行的安全性还需要全社会的通力协作予以推进，落实在操作层面，需要围绕研学旅行各项服务打造一个诚信安全体系。

4. 研学旅行目的地的供给侧响应机制研究

以压力—状态—响应（Pressure-state-response，PSR）模型为指导，当前的压力（P）主要来自于市场驱动和政策驱动，供给侧状态（S）组成因素包括研学资源单位、研学服务机构和研学管理部门，对策响应（R）为资源共享、产品升级、供需互动模式创新、制度创新、人力资源创新等方面的供给侧结构优化策略。

实际上，PSR 模型是一个动态演变过程，更多作用是提供思考的路径。某个压力可能长期存在，也可能消失或转化；这个阶段响应的措施，也许就会形成下一阶段的状态。某些类型的反应措施，如资本的进入，由于资本的逐利性和自驱性，也许会演变为下一阶段的压力，不一而足。

5. 青少年研学旅行的供给侧结构调整优化策略研究

供给侧结构调整的目的在于增加有效供给，减少社会资源浪费，促进供给与需求的平衡，满足教育改革与消费升级的社会需求，实现“美好生活”的内容支撑。综合理论与实证分析，课题组从资源共享、产品升级、供需互动模式创新、制度创新、人力资源创新等方面提出青少年研学旅行供给侧结构优化策略。

（二）重要观点

·在市场和利好政策双重驱动下，未来 3~5 年研学旅行内在需求逐步释放，供给侧还有巨大的发展空间。

·当前研学资源的跨省、跨市、跨区使用存在难度，文化旅游部门可在这方面加快推进。

· 确保学校组织研学旅行的公益性和大面积覆盖性，参考政府采购的形式，确保研学品质和公平公正性。

· 激活研学旅行的市场化部分，培育满足市场需求的多元化、个性化的研学服务产品。

（三）对策建议

• 顶层设计考虑，通过制定法规、管理体制、合作机制和激励机制来引导、鼓励资源单位开发、共享研学旅行资源。

· 加强研学课程研发，提升研学产品品质。

· 摸索校企结合、政府采购、分散供给三大模式，促进供需互动模式创新。

· 以“2+N”模式，即教育和文化旅游部门为主体，联合多部门推动研学旅行制度创新。

· 通过提高教师综合能力、资源单位增加教育人员、大力发展志愿者导师团队等措施促进人力资源创新发展。

四、创新之处

弥补青少年研学旅行研究的现有不足（以需求方单向研究为主，缺乏供给侧研究），从供给侧入手，引入压力—状态—响应（PSR）模型，探讨供需协调互动的供给侧响应体系构建。

五、应用价值

学术价值：目前我国关于研学旅行的学术研究较少。本研究对青少年供给侧调整进行系统性研究，并引入压力—状态—响应（PSR）模型，弥补了现有研究的不足。

社会影响和效益：深化理论研究为研学旅行的实践工作提供更有意义的理论指导，实践发展的经验也将推动研学旅游理论的不断深化。

基于资源异质性的综合性高校旅游管理学科发展研究

项目主持人：云南大学　赵书虹

项目批准号：17TABG020

资助金额：3 万元

起止日期：2017 年 4 月—2018 年 4 月

一、研究背景

随着社会的发展，旅游业已成为全球经济中发展势头最强劲和规模最大的产业之一。旅游业在城市发展中的产业地位、经济作用逐步增强，其对城市经济的拉动性、社会就业的带动性等作用也日益显现。自党的十八大以来，旅游业日益受到国家领导人重视并已经成为国家“精准扶贫”“互联网 +”“生态文明建设”战略实施的重要抓手。当前，为了满足我国旅游业发展的要求，无论是从产业需求与人才培养角度，还是从学科组织职能与知识体系职能角度，我国高校的旅游管理专业学科全面提升与发展势在必行。

然而，目前旅游管理专业在全国各高校的地位及发展前景令人担忧，在综合性大学中的旅游管理专业设置时间不长，绝大多数高校的旅游管理专业脱胎于历史、地理、经济和工商管理等学科，关于旅游人才的培养目标还不是很清晰。但综合性大学具备培养专业性旅游人才模式的资源优势，因此在综合性大学中，旅游管理专业如何根据自身资源实际及当地社会经济发展水平尤其是旅游产业发展水平的要求，制定真正适应区域旅游业发展要求、提高区域旅游业竞争优势并助力当地旅游经济实现持续增长目标的学科发展方略，是各高校旅游管理专业应着力思考的问题。

虽然综合性高校旅游管理专业的学科建设与发展在学界引起关注已经有多年，大多数研究从多个角度对旅游管理专业的发展进行了阐述，但从微观视角切入研究并以资源异质性为理论平台的尚不多见。在我国旅游业发展的 40 年间，无论是经营管理人员还是行政管理人员都暴露出素质和能力参差不齐的问题。因此，从微观角度去思考如何提升旅游管理水平、专业技术水平和服务水平是培养旅游人才的关键，故立足于资源基础研究异质性资源对旅游学科发展的影响尤其是正向影响本身就具有紧迫性和必要性。

因此，本课题以资源异质性为理论平台，从研究资源异质性与各院校旅游管理专业发展现状的相关性出发，以初步形成的判定依据对现有院校依据其资源基础进行分类，又进一步针对各类型高校所依据的资源异质性基础进行挖掘，依据可形成发展优势和学科特色的核心要素，提出未来发展的对策和建议。

二、研究方法

（一）文献研究法

首先，在基础理论分析阶段，通过阅读国内外相关文献、资料，进行分析、归纳、评价，在前人研究成果的基础上对本课题研究思路进行思考，提出研究的理论框架。

其次，在后期调研阶段，通过对资源异质性理论的分析，指出资源异质性在各高校旅游管理学科发展战略中的准确定位，从而明确资源异质性与学科发展的关系，突出资源异质性对学科发展的支撑作用，以客观提出利用资源异质性形成专业发展优势和学科特色的建议。

最后，研究同时也对教育部、高考网、国家旅游局、各高校招生简章等网络和纸质信息资料进行研究和统计分析，以全面了解和掌握学科发展现状。以文献研究法作为课题基本的理论研究方法，对报告的顺利撰写与课题结项起到重要作用。

（二）问卷访谈法

研究在 2015 年全国旅游管理专业（本科）的综合性院校问卷普查的基础上（发出 300 多份问卷，最终对回收的 200 多份有效问卷进行了整体的统计和分析），于 2016 年、2017 年、2018 年分别借助全国性会议（2016 年 7 月高校旅游管理教指委全体会议、2016 年 11 月全国高校旅游院校联盟会议、2017 年 7 月高校旅游管理教指委全体会议和 2018 年 3 月全国高校旅游院校联盟会议），采用对参会的院校领导、旅游管理专业国内知名专家及一线骨干教师进行补充问卷调查和面对面访谈的方法，搜集研究所需相关资料，深入了解现有旅游管理专业（本科）教学模式、办学特色及资源异质性条件下学科发展的现状。研究通过对大量国内外相关文献资料的收集与分析，总结资源异质性与旅游管理学科发展的国内外研究现状及其理论依据，并依据对全国各地拥有旅游管理专业（本科）的综合性院校进行的调研结果，例证本研究所构建的基于资源异质性的综合性高校旅游管理学科发展的合理性。

三、研究内容及结论

（一）研究内容

本课题在理论研究、案例分析和大量数据梳理的基础上，按照“资源异质性与旅游管理学科发展国内外研究现状—综合性高校旅游管理学科发展现状—基于资源异质性理论的问题及原因分析，找准自身定位—基于异质性资源提出特色学科建设之道”的研究主线，设计总体研究框架。通过对理论平台的搭建，明确各类异质性资源对学科发展的影响，对照发展现状分析问题成因，为各综合性高校旅游管理学科利用异质性资源提升、发展提供战略决策基础和思路。

1. 资源异质性与旅游管理学科发展国内外研究现状

通过对国内外文献的综述，课题发现学术界重点关注资源异质性的理论来源、企业内部资源异质性获得渠道等理论基础。但纵观旅游管理学科 30 年的发展，发现其也存在各院校定性定位不明确、培养方向偏离实际需要、专业学习理论与实践脱节等一系列问题。大量研究已经关注并从不同视角切入，得出系列结论。

2. 综合性高校旅游管理学科发展现状

全国各综合性院校旅游管理专业因其区位条件、区域经济社会发展水平、区域旅游产业发展水平、学科起源、师资队伍、主要生源、隶属关系、外部合作环境等原因形成不同的学科发展类型、产生学科发展水平差异。全国综合性高校中具备稀缺性、不完全模仿性和不完全替代性异质性学科发展资源的，都不同程度地在充分利用异质性资源的前提下形成学校旅游管理学科发展的竞争优势。

3. 基于资源异质性找准自身定位

依据资源异质性理论对学科目前发展的问题及其成因的分析，进而对高校旅游管

理学科发展类型进行划分，明确其关键资源甚至优势资源，以资源异质性的多元化发展战略形成学科发展的优势所在。只有形成学科特色和发展优势，才能谋求旅游管理专业的长久生存。

4. 以异质性资源进行划分提出特色学科建设之道

研究从更多综合性高校的微观视角切入，基于自身资源基础考虑未来学科发展，使异质性资源成为自己的优势资源。同时顺应区域旅游经济发展需要，切实构筑起自己难以替代的核心竞争力，实现可持续发展。

（二）研究结论

我国旅游管理院校各校（学院）根据自身情况，实行特色化办学，初步形成旅游管理专业办学“一校（或一院）一品”的局面，但目前旅游管理专业远未达到品质化、持续化、特色化发展的程度，特别是由于资源异质性，不同区域的旅游管理专业的发展水平参差不齐，专业设置和建设未能与区域旅游产业协调、同步发展。有必要将旅游管理学科先置于统一标准框架下再探讨基于资源异质性建设各具特色的旅游管理学科发展模式。要强调本科教育的培养目标和培养规格的统一性，只有这样才能保证全国各高校旅游管理类本科专业人才的培养既规范又特色鲜明，能适应区域旅游产业和经济社会整体、全面发展的要求，这才是各地旅游学科生存发展之道。尤其针对酒店管理与会展管理这样的特色专业和新兴专业，更应基于资源异质性制订具有前瞻性和适应性的人才培养方案，开设符合产业发展实际和专业基础的课程，增加实践实训环节，以使相关专业学生能更快更好地适应各产业部门的发展要求，为推动产业发展发挥应有作用。

四、创新之处

总体而言，旅游学术界对旅游管理学科与异质性资源的探讨已形成一定基础，但少有学者从异质性资源角度来研究旅游管理学科，对基于异质性的旅游管理学科概念也无明确界定，故本项目研究此问题是具备必要性与创新性的。目前，多数学校基本已通过明确的资源异质性制订发展方略，表明资源异质性与学科发展存在正向影响关系，但缺乏系统研究；同时，各个学校间旅游管理学科资源存在差异化，在一定程度上已形成自己独具一格的特色，但也存在定位偏差、发展不足等问题。于此，依据学校旅游管理学科的具体资源识别最具吸引力与竞争力的异质性资源是具有重要意义的，推进学科以获得的关键性异质性资源夯实发展基础，提升发展水平，形成旅游管理学科区域差异化、特色化和品质化、持续化发展的局面。

五、应用价值

旅游业作为世界上最具活力的经济部门之一，为全球的经济复苏和增长贡献了巨大的作用。目前，旅游业已经占全球 GDP 的 10.4%，通过旅游业带动的就业也已经达到了 9.9%。在 2017 年，旅游业的增速超过了全球经济的 4.6%。在未来，全球旅游业的发展和增长势头会依然十分强劲。但是，通过研究我们发现，我国旅游管理学科地区、专业等发展不平衡、专业建设规划有待进一步完善、现有专业知识体系设计缺乏行业适应性、实训教学制度和机制建设不足等问题突出，学科发展的滞后性使得人才的提供与行业需求之间形成断层，我国旅游管理人才需求与旅游管理人才教育培养在数量和质量上的适配性仍存在极大的改进空间。

面对我国旅游业强劲发展的挑战，各大综合性高校旅游管理学科如何创新发展，契合现实？资源异质性无疑是一个突破口。由于区位条件、区域经济社会发展水平、区域旅游产业发展水平、学科起源、师资队伍、主要生源、隶属关系以及外部合作环境的不同全国各综合院校旅游管理专业发展类型、发展水平具有很大的差异。通过调研也发现，资源异质性能为学科发展形成支撑。而具有正向影响的资源若具备价值性、稀缺性、不完全模仿性和不完全替代性则形成该校旅游管理学科发展的资源异质性，充分利用可形成学科竞争优势。于单个院校而言，应从微观视角切入，以异质资源为基础，以形成异质竞争力为目标，以特色（精品）专业、精品课程、教学团队、教学名师、精品教材、示范性实训基地、人才培养模式创新实验区等质量工程项目为牵引，平衡学科发展和市场需求，优化师资队伍；而针对全国综合性高校而言，需以全局思想，进行区域布局，在规模上总体控制专业及布点规模，逐步实现专业设置和建设与区域旅游产业的协调、同步发展。

第二编

2018 年旅游科研立项
——面上项目（共 20 项）

旅游精准扶贫对乡村居民本真幸福感的影响研究

项目主持人：中山大学 黄克己

项目批准号：18TACG001

资助金额：3 万元

起止日期：2018 年 4 月—2019 年 4 月

一、研究背景

全面实施乡村振兴战略是国家的重大举措。目前，新消费已经驱动我国旅游业进入新旅程，大力发展旅游是实现乡村振兴的重要突破口（张利民，2018）。发展旅游既能够提高农民的收入水平和生活质量、更好地满足人民群众日对美好生活的追求，也可以充分保护乡村生态环境，实现人与自然的和谐共处。因此，乡村旅游的发展既可以实现农业强、农村美和农民富，还能够提高农民的幸福感、获得感和成就感。乡村旅游是帮助农民脱贫致富、建设美丽乡村和塑造“新农村人”的创新发展模式（翁毅、范冬萍，2017）。

关于乡村旅游扶贫，国内外学者进行了长期的实践研究。学者们主要从旅游扶贫的概念、贫困人口划分、发展模式和利益协调机制等方面进行探索分析，取得了不少的成绩（李会琴等，2015；翁毅、范冬萍，2017）。后来，学者们又提出了旅游精准扶贫的模式，对不同类型的贫困户进行精确划分并采用相应的帮扶策略（童星、林闽钢，2001；徐庆颖等，2017）。值得肯定的是，先前学者的研究成果为旅游扶贫的后续分析奠定了扎实的基础（李会琴等，2015；徐庆颖等，2017）。但是，鲜有学者关注旅游扶贫对乡村居民幸福感的现实影响，而幸福感却是国家、地方和居民共同关心的话题，直接决定了乡村旅游的发展前景。从根本目的来看，旅游扶贫既要注重经济效果，又要体现社会意蕴（翁毅、范冬萍，2017）。除了帮助农村脱贫致富之外，旅游精准扶贫还努力提高村民的生活满意度。另外，乡村居民是否能够真正地参与到旅游活动中，以及他们在参与过程中是否能够获得一定程度的意义和成就感都是值得进一步深入讨论的。

生活满意、意义和成就感都是衡量乡村居民幸福感的重要维度和关键指标（Seligman，2011）。因此，本研究着力探讨不同旅游精准扶贫模式对乡村居民本真幸福感的影响。本研究既是响应国家战略，具有较强的时代感、针对性，也是通过积极心理学这一崭新的视角来探讨旅游扶贫的社会效益。

二、研究方法

本研究选择粤北旅游精准扶贫区域丹霞山周边村落和林寨古村落作为案例地。丹霞山风景区是世界自然遗产地，已经发展旅游30多年，主要是采用“乡村社区主导+政府监管协调”的内生式发展模式。林寨古村落位于河源市境内，因中国最大的四角楼建筑群而著名。林寨古村的旅游开发主要是采用“政府规划管理+居民自主参与”的外源型发展模式。

尽管两个案例地的旅游业发展模式相异，所经营的旅游活动却是相似的。主要的旅游活动包括民宿、餐饮、工艺品、乡村特产以及其他旅游服务等。在旅游扶贫的实践过程中，案例地村落构建了精准扶贫、精准帮扶、精准管理和考核三位一体的体系（陆娇、方世明，2017）。在此基础上，根据贫困户的家庭条件、年龄特征、劳动能力等实际情况，采用不同的策略进行帮扶。整体上，两个案例地的旅游精准扶贫可以归纳为“两种管理模式+三种参与形式”。

首先，直接参与旅游开发的村民主要从事经营管理和旅游服务等活动（如景区规划、民宿经营、餐饮服务以及门票销售等）。对于大部分直接参与旅游的村民来说，他们需要具备一定的经济基础、知识水平和服务理念。其次，而对于间接参与旅游的村民来说，他们主要是从事种植业、手工业、务农等活动，他们将农产品、土特产或者工艺品等销售给游客；另外，有些村民可以将土地或房屋租赁给旅游经济管理者，收取一定的租金报酬。最后，还有一些特别贫困且无法参与到旅游活动中的村民，主要是包括五保户、残疾人以及没有劳动能力的老年人等，政府会直接进行经济补贴和其他方面的帮扶。除了经济补贴以外，政府还为这些村民提供免费的家禽幼崽等，他们可以自己饲养并出售给旅游市场，从而获得一些经济收入。

本研究主要采用参与式观察和半结构访谈的方法进行调研。首先，2018年8月，

调研人员到达目的地后，率先对景区整体的规划布局进行观察分析，确定实施旅游精准扶贫项目的相关村落，并选择合适的调研路线和不同参与形式的对象。

其次，选定目标村落之后，调研人员会对关键村落的村委会进行考察，通过宣传栏材料和村干部，了解村落的旅游发展状况、贫困户数、脱贫进展等基本信息。通过村委会，调研人员可以收集相关政策文件与规划资料，用以明确案例地开展哪些旅游项目，研究对象参与哪些旅游活动。另外，调研人员也会迅速参与到村里居民的日常生活中，通过观察记录来了解村民的生活规律、参与活动以及他们对旅游开发的态度等。

最后，在熟悉村落发展及村民生活状态的基础上，对核心景区和周边村民进行深度访谈。一方面，了解村民的生活状况、是否是扶贫户、是否参与旅游活动、生活水平是否有所提高等基本信息。另一方面，仔细询问村民对生活和旅游开发的情绪，并了解在旅游扶贫的过程中他们所感知到的参与感和人际关系；与此同时，也询问旅游开发是否让村民的生活产生某种意义和成就感。尽管在访谈过程中，村民会随心地谈到其他方面的话题，调研人员还是围绕 PERMA 模型框架，尽力获得与本真幸福感密切相关的信息。

调研团队在丹霞山景区（瑶塘村、断石村、夏富村等）和林寨古村景区（兴井村、石镇村以及楼镇村等）共访谈 40 位居民，每个案例地访谈 20 位居民，访谈时间持续 15~50 分钟。调研结束后，研究团队将全部观测资料和访谈内容转化成文本，并进行编码、归类和分析。

三、研究内容及结论

本研究着力探讨不同旅游精准扶贫模式对乡村居民本真幸福感的影响。一方面，基于本真幸福感理论，通过积极情绪、参与感、人际关系、意义和成就感等维度来综合分析乡村居民的生活质量；另一方面，比较分析不同旅游精准扶贫模式下乡村居民的幸福感差异。

本研究发现：（1）旅游精准扶贫确实对遗产地居民本真幸福感的提高起着一定程度的促进作用。乡村居民的积极情绪、参与感以及人际关系对他们的幸福感产生比较明显的积极影响，而生活意义和成就感只是对小部分居民产生积极的影响。积极情绪主要是由于旅游精准扶贫改善了乡村环境（住房设施、道路交通、卫生环境等）和精神面貌（享受生活、文化自信等）。（2）对于“社区主导”的遗产地居民，积极的情绪和较高的参与感都会提高他们的幸福感。但是，激烈的客源市场竞争会使得一些居民的人际关系紧张，这在某种程度上降低了他们的幸福感。与之不同，对于“政府主导”的遗产地居民，他们基本上还保持着传统的生活方式，生活水平有所提高、人际关系也比较融洽。不过，直接参与者希望拥有更多的自主经营权，而部分间接参与者却渴望有机会从事旅游相关活动。（3）需要指出的是，旅游精准扶贫在实施过程中确实会存在一些问题，这对遗产地居民的幸福感产生了负面影响。较为突出的问题包括游客数量减少、企业经营困难、项目无法落地、扶贫不到位、收入分配失衡等。

因此，为了更好地落实旅游精准扶贫政策，还需要采取一系列的措施来完善相关模式。从经营管理角度来看，一方面，当地政府需要帮助乡村进行宣传营销，进一步扩大客源市场和品牌影响力。如果景区游客数量持续下降的话，大部分村民可能要失业，或者外出打工。另一方面，政府或村委会也需要对村民进行技术技能培训，使他们能够适应市场变化，积极主动地开发客源市场。从旅游发展模式来看，由于经济基础和资源条件存在较大差异，不同区域的企业和村民参与形式也需要改变。例如，在林寨古村的景区发展中，可以吸引更多的外来资本，从而开发不同的旅游产品。同时，也可以鼓励当地村民积极参与到旅游活动中，并给他们提供一定的政策或资金支持，进而激发乡村旅游市场的活力。

四、创新之处

（1）研究理论视角独特创新：本研究基于积极心理学视角探讨乡村居民的本真幸福感，这提供了一种崭新的视角来研究旅游精准扶贫的社会效益。（2）研究方法多样化、多维度：本研究选取不同旅游精准扶贫模式的案例地，采用定性与定量相结合的方法探讨幸福感多个维度之间的强弱和差异。同时，基于定性研究开发测量量表，对旅游精准扶贫—幸福感的关系进行分析。（3）研究话题具有时代特色：本研究及时响应党的十九大号召，为实现乡村振兴、提高乡村居民幸福感和发展乡村可持续旅游提供了理论依据和实践策略。

五、应用价值

（1）为旅游精准扶贫的积极影响提供理论依据。旅游精准扶贫既要改善乡村居民

物质生活，又要提升他们的生活品质。因此，进一步分析不同旅游精准扶贫模式对乡村居民幸福感的影响研究为其提供了理论支撑。（2）积极回应党中央所关注的“幸福感”“获得感”等问题。党的十九大以来，党中央与政府特别重视人民群众的美好生活和幸福感。本研究是响应国家战略，具有较强的时代感、针对性，并可以作为决策参考。

“一带一路”沿线国际客源市场开发策略研究

项目主持人：上海商学院　席宇斌
项目批准号：18TABG002
资助金额：3 万元
起止日期：2018 年 4 月—2019 年 4 月

一、研究背景

（一）我国入境旅游市场逐步回升，市场基础有待继续夯实

党的十一届三中全会以来，我国入境旅游总体保持快速增长的大发展态势。2008 年爆发的全球金融危机对世界各主要经济体都带来了不同程度的冲击，我国入境旅游也历经萧条和波动，上升通道收窄、下行压力增大。但在“一带一路”倡议的带动下，我国入境旅游市场也从小幅回落到出现回升，并正在进入恢复增长的新阶段，入境旅游接待人数和入境旅游收入均有进一步拓展的空间。

（二）推动共建“一带一路”走深走实，旅游交流有待蓬勃开展

自“一带一路”倡议提出以来，我国与沿线国家的不仅经贸往来不断扩大，而且文化交流也日趋频繁。2018 年 8 月 27 日，习近平在出席推进“一带一路”建设工作 5 周年座谈会上发表重要讲话，强调要推动共建“一带一路”走深走实，并指出要推动旅游领域交流蓬勃开展。随着旅游合作和互联互通的进一步同频共振，未来世界与中国的互相了解将更加深入，入境旅游业也迎来转型升级的重要契机。

（三）国际旅游竞争态势日益激烈，中国品牌有待深化效应

根据世界经济论坛（World Economic Forum）发布的《世界旅游业竞争力报告》，我国在环境可持续性、旅游安全与保障、游客服务设施配套、旅游商业环境等方面与其他旅游发达经济体相比仍有较大的差距。由于在文化上具有一定的相似性，对于大部分欧美游客而言，东亚其他国家和地区都具有较强的替代性，加剧了我国入境旅游市场的分流压力。

二、研究方法

（一）文献研究法

本课题的文献资料包括纸质文献和网络文献两大类。其中外文文献的获取主要是基于谷歌学术搜索引擎（scholar.google.com.hk），同时还参考了联合国世界旅游组织、世界银行和各个国家或地区在其官方网站上发布的旅游统计资料。中文文献主要是来自中国知网（www.cnki.net），以及公开出版的书籍期刊报纸资料、国家和地方行政部门主编的统计资料和在互联网上搜索到的相关资料。

（二）市场调查法

本课题主要采用了问卷调查、专家征询、深度访谈等形式。其中问卷调查是笔者组织并参与的入境游客随机抽样问卷调查，前后历时 6 个月，在上海、大连、桂林等具有国际知名度的中国优秀旅游城市发放英文调查问卷 2000 份，回收有效问卷 1923 份（其中来自“一带一路”沿线国家的问卷 366 份）。专家征询是以面谈或电子邮件的形式，邀请了 20 余名从事入境旅游相关课题的国内外研究人员进行意见咨询。深度访谈是邀请来自旅游官产学研等不同领域的从业人员进行有目的、开放式的询问。

（三）定性与定量分析法

定性分析法是在归纳的基础上，从所收集到的资料中去建立对事物的理解；而定量分析法则是在演绎的基础上，对标准化的资料进行统计量化分析来建立对事物的理解。定性分析和定量分析之间并没有绝对的界限，且是相互依存的，即没有定量的定性是空洞的、不够精确的，没有定性的定量是盲目的、毫无价值的。因此，所有的研究都会不可避免地或自然而然地同时包括定性分析和定量分析。

（四）比较研究法

“一带一路”沿线涉及诸多国家，其政治经济体制不尽相同，民俗文化风情也各有差异，但与中国之间都有着密切的旅游往来。本课题基于目的地和客源地双重视角，从单个属性和多个属性，对“一带一路”沿线国家的出境旅游市场和旅华客源市场进行横向与纵向方面的比较，从而深化对我国国际客源市场的认识。

三、研究内容及结论

（一）全球国际旅游流的空间格局研究

自 20 世纪 70 年代新技术革命以来，伴随着世界经济的迅速发展和旅游服务设施的与时俱进，现代旅游得到了大力发展。尤其是交通运输工具的改善，旅游活动也打破了洲际和国家之间的界限，一个世界性的旅游市场逐渐形成。从不同洲际区域的发展来看，自“二战”以来都取得了长足的增长，传统的国际旅游市场一直为欧洲和美洲，而当前则形成欧洲、美洲和亚太“三足鼎立”的态势。值得注意的是，这三大旅游区不仅是国际旅游的重要目的地，也是国际旅游的主要客源产出地，即全球国际旅游流在发达国家之间的区域内移动特征非常明显。从国别和地区的角度来看，国际旅游流的地理分布格局相对比较集中且固定，始终能长时间保持在前 10 名的国家有：法国、美国、西班牙、意大利、英国、德国、墨西哥和中国。

选取张凌云主编的《世界旅游市场分析与统计手册（第 3 版）》中的 2008 年、2014 年的 106 个国家或地区的入境旅游数据作为数据来源，采用社会网络分析法并使用 UCINET 软件，经测算发现国际旅游联系更为愈发密切，游客在全球间的流动已成为一种常态，但也相互交织、疏密相间，且相互之间的联系较为稳定，并形成以欧美发达国家为主的派系，同时也形成以亚洲国家为主、欧洲国家为辅的派系。总体来看，在该网络中，美国、德国、法国、英国、西班牙、意大利和中国等旅游大国的“权力”较大，处于中心地位，居于核心。

（二）“一带一路”沿线重点客源国市场评价研究

长期以来，我国主要是基于市场规模和市场份额将入境旅游市场划分为重点市场、

战略新兴市场和潜在市场三大类。应该来说，数量是认识入境客源国市场重要性的重要指标，但绝不是全部，对入境客源市场重要性的认识性必须上升到一个更加综合的视角。基于系统性、科学性和可行性原则，课题组构建了我国国际客源市场重要性评价指标体系，采用专家征询法对 20 位本领域专家进行了问卷征询，并最终形成总共 11 个指标的评价指标体系，同时使用层次分析法确定了每个指标的权重。根据每一个指标在 2017 年的具体数据，使用 TOPSIS 法对 41 个入境客源国的重要性程度进行了测算，最终排名前十的分别是：缅甸、越南、美国、韩国、日本、俄罗斯、德国、英国、澳大利亚和蒙古。总体来说，一方面可以看出传统国际客源市场对我国的重要性，另一方面也说明"一带一路"沿线国际客源市场还有待进一步的培育，需要开展基础调研并进行成果转化。

需要说明的是，缅甸和越南之所以排名前两名主要是因为其来华人数过高，与往年相比有大幅的提升，这主要是因为统计口径的变化，将边民来华数据也纳入其中。

（三）"一带一路"沿线重点国际客源市场专项分析

基于重要性的评价结果，分别选取东亚的韩国、东南亚的新加坡、欧洲的意大利和大洋洲的新西兰进行专项分析。

总的来说，韩国、新加坡、意大利和新西兰的旅华客源市场特征具有一定的相似性，如以男性为主，25~44 岁和 45~64 岁两个年龄段居多，观光休闲、会议 / 商务等来华目的所占比例较多，职业中又以商贸人员、职员和专业技术人员相对较多。入境方式以飞机为主，旅行社接待还是占据较重要的地位，人均消费总体乐观，且长途交通占去较大的比重。

但韩国、新加坡、意大利和新西兰的旅华客源市场也有各自的独特特征。其中，韩国旅华客源市场以 5 月、8 月、10 月分别为入境高峰，最喜欢的旅游目的地是山东，普遍对山水风光、文物古迹和民族风情感兴趣；新加坡旅华客源市场月际演变呈现"几"字形特点，最喜欢的旅游目的地是广东，对南方其他省份也格外青睐；意大利旅华客源市场在月际上以 4 月、8 月、10 月、11 月为旺季，最喜欢的旅游目的地是浙江，并偏向于一线的、发展速度快的省份；新西兰旅华客源市场在月际上以 4 月、9 月、10 月和 12 月为旺季，最喜欢的旅游目的地包括浙江、上海、广东和北京。

（四）"一带一路"沿线国际客源市场调查与大数据分析

从决策行为、消费行为、感知评价和个人基本信息等方面设计了外国游客调查问卷，并组织上海商学院的学生进行问卷发放，最终获得有效问卷1923份，其中来自“一带一路”沿线国家的共有366份。经过SPSS软件统计发现，受访“一带一路”沿线国家游客获取我国信息最重要的渠道是网络，来华的主要目的有观光游览、休闲度假和学习交流，最看重的决策因素有签证便利程度、总花费、中国文化等。在消费行为中，重游率较高，自助行已然成为一种潮流，偏好的饮食为中国传统食物和当地美食，且1万~2万元人民币是较为普遍的预算区间。“一带一路”沿线国家游客喜欢和当地人交流并进行了实践，对我国旅游业的各方面总体十分满意，绝大多数评语是正面评价。

“一带一路”沿线国际客源市场和非“一带一路”沿线国际客源市场对决策因素的感知认识存在显著差异，总的来说，“一带一路”沿线国际客源市场对相关决策因素有着更高的重要性判定，反映出该市场需要顾及更多的因素方能来华。与此同时，“一带一路”沿线国际客源市场和非“一带一路”沿线国际客源市场对满意度的感知评价没有显著差异。

从上海市大数据联合创新实验室（旅游领域）提供的航空大数据来看，欧美游客比亚洲游客更倾向于较长时间段的前置预订，而印度尼西亚和马来西亚的预订人数总是最多的，零售旅行社是获客最多的渠道。以德国、美国、英国和法国为代表的西方发达国家入境游客对商务舱和头等舱有较高的需求，当然这也和距离较远有一定关系。此外，日本游客停留时间最短，尤其倾向选择在工作日停留，这和差旅人士多有很大的关系。

四、创新之处

从空间表现形式来看，入境旅游研究主要有目的地和客源地两个切入口。目前，国内关于旅游目的地视角的研究成果十分丰富，但相比较而言，国内基于客源地视角的相关研究成果有待进一步夯实。本课题以“一带一路”沿线国家为研究区域，在研究视角上具有一定的创新之处。此外，通过构建我国国际客源市场重要性评价指标体系，从而能够更加全面、综合地去认识我国的各入境客源国市场的重要程度，并采用了社会网络分析、TOPSIS评价等分析工具，在方法上也具有一定的创新。

五、应用价值

国务院印发的《“十三五”旅游业发展规划》提出“大力提振入境旅游”，这也是在新时期下对我国建设世界旅游强国提出了新的要求和任务。本课题以“一带一路”为主轴，通过市场调查和大数据分析的方式，全面分析沿线相关国家的旅华客源市场特征，因此研究成果也就具有了鲜明的应用价值。课题组提出的具体市场开发策略有:（1）以民心相通为基石，深化旅游合作;（2）以产品研发为基础，增强游客体验;（3）以宣传创新为手段，巩固营销效果;（4）以区域合作为抓手，打造跨境精品;（5）以来华签证为突破，提升公共服务;（6）以产业深耕为路径，健全人才体系。

大数据技术对旅游产业影响与对策研究

项目主持人：杭州市旅游信息咨询中心　郑俊

项目批准号：18TACG003

资助金额：3 万元

起止日期：2018 年 4 月—2019 年 4 月

一、研究背景

随着大数据技术、物联网技术、移动互联网技术的发展，对旅游行业产生了巨大的影响，传统的旅游管理、服务、营销发生了质的改变。而“全域旅游”“智慧旅游”等概念的提出又加速了旅游与大数据的融合。

全域旅游打破了传统的以景区为核心的旅游模式，将整个区域作为一个旅游大环境。在落实到应用层面的过程中，只有将“全域旅游”“智慧旅游”“大数据”三者结合起来，才能更好地实现旅游业对当地经济和社会发展的推动作用，才能更好地实现区域协调发展的理念与模式。

大数据是在应对海量异构数据的前提下，借助新的处理模式来挖掘数据中隐含的潜在规律的一种技术。具有数据量大、处理速度快、多样性、价值密度低、真实性五大特点。处理流程包括数据预处理、数据存储、数据挖掘与数据应用等，在各个流程中，产生了大数据预处理技术、大数据存储技术、大数据挖掘技术等一系列具有更强决策力、洞察力和流程优化能力的多样化信息。

大数据环境下，将原来一对多的模式升级转变成了一对一的服务模式，即对游客来说，游客市场细分后最大的好处就是支持个性化旅游。目前的旅游消费模式已由卖方市场转向买方市场，旅游方式也由传统的观光旅游模式转向观光、休闲、度假、户外健身等多元化旅游模式。旅游需求更加个性化、多元化，对旅游信息获取的便利性

要求更高。

国内外在智慧旅游领域进行了一系列的探索和建设，在服务网络建设和移动终端设备方面形成了热点，通过数据服务来兼顾当地居民和外地游客的多样化需求，通过大数据覆盖传统旅游、科技旅游、直接旅游和虚拟旅游多个领域。通过个性化行程定制、社会性网络服务、地理位置信息服务、信息共享等方式来提升旅游产业的价值。

二、研究方法

本文主要运用了调查法、文献研究法、案例研究法等方式，对大数据技术在智慧旅游产业中的发展进行了研究。研究对象只要是国内外智慧旅游建设的实施主体、涉旅企业和游客。

（一）调查法

通过向杭州各区、县（市）旅游管理部门发放智慧旅游建设调查问卷和进行实地调研，了解各区、县（市）在智慧旅游建设方面的政策情况、人员投入情况、建设成效。

（二）文献研究法

通过对《国务院关于印发“十三五”旅游业发展规划的通知》（国发〔2016〕70号）、《“十三五”全国旅游信息化规划》（旅办发〔2016〕346号）、《浙江省旅游业发展“十三五”规划》、《关于全面提升杭州城市国际化水平的若干意见》等文件的解读研究，了解各个层面上对旅游产业的发展规划。

（三）案例研究法

通过研究美国、德国、荷兰、韩国等国外智慧旅游建设的案例，比较网络服务和移动终端在智慧旅游发展中的依托作用，探讨个性化定制和数据开放在未来发展中的前瞻性。

通过研究国内省、市两级智慧旅游建设案例的基本做法和成功经验，总结出国内旅游产业在优化公众服务、技术创新运用、商业模式创新、推进试点示范等方面的运用。

重点研究个性化案例，如如家、天猫等通过“物联网＋智慧型酒店”模型，用大数据思维服务客户，用 AR（增强现实技术）等提高管理水平和增强游客体验。

三、研究内容及结论

本文阐述了智慧旅游是依托云计算技术、物联网技术、基于大数据的人工智能技术、移动互联网技术等新一代信息技术（ICT），以综合信息服务平台、智能集成系统、旅游智能服务体验设备等智慧化建设为手段，面向以政府为代表的旅游管理部门与旅游公共服务部门、涉旅企业、旅游者、旅游目的地当地的居民，通过智能手机、电脑等多种服务终端，实现智慧化管理、服务、营销等目的的旅游全要素与信息技术全面而深度的融合、应用与变革，能够推动智慧经济、智慧城市的和谐可持续化发展，对社会和经济产生重大的助推力的一种发展形式。

研究重点关注了大数据成为智慧旅游现阶段应用的主要立足点，并且通过现有的实践经验证明，立足于旅游大数据进行智慧旅游建设具有切实可行性。通过“旅游行为产生数据—大数据技术实现数据处理、分析与挖掘—旅游行业智慧化应用”形成较为完整的智慧旅游建设链条。

本文在研究杭州的智慧旅游领域大数据的实际探索中，总结出现阶段杭州的若干问题，如智慧旅游与大数据复合人才缺失、线上线下数据渠道未打通、数据共享未建立、数据来源中有效数据少且标准难统一、数据需求复杂、数据模型难建立、安全机制未建立等。针对这些问题，提出了加快规划布局和政策支持、重新定义智慧旅游大数据标准、鼓励“政产学研”融合培养人才、打通线上线下数据渠道、深化数据共享、旅游数据资产化管理和运营、加强数据安全监管等对策，推动杭州大数据和智慧旅游有机结合。本文通过国内外智慧旅游发展模式研究及大数据与智慧旅游的契合点研究，为杭州市智慧旅游提供相应的建设建议，以杭州市旅游大数据应用为方向，引领全国其他地区大数据在智慧旅游更为深入且全面的应用。

四、创新之处

（一）研究创新技术对智慧旅游发展的影响

创新技术是智慧旅游发展的基础，反过来，技术创新运用是智慧旅游持续推进的可靠保障。技术创新首先体现在研发层面，通过技术的发展，使本地智慧旅游水平处

于或并保持领先地位。

（二）研究政府、企业层面大数据技术的应用方向

对于政府而言，面向管理的智慧化应用主要包括两个方面：面向政府内部的应用以及基于旅游产业、旅游市场数据对旅游行业进行智慧化监管。对于涉旅企业来说，其管理主要面向自身的管理以及服务于政府，帮助政府实现智慧管理。第一种即应用大数据技术对现有的经营情况进行分析，并对经营策略进行相应的调整。第二种即用旅游大数据产品，帮助政府进行智慧化管理。涉旅企业主要包括传统的景区、酒店、旅行社等，也包括互联网背景下的 OTA 等。

（三）探索大数据应用的实践

大数据的获取与传输依赖于覆盖广泛、速度快捷的互联网络，因此互联网基础设施的铺盖与升级是智慧旅游乃至智慧城市建设的必要环节。杭州依托互联网技术，以打通线上线下信息通道，为游客提供更多线上线下互动式体验，在此基础上，依托大数据技术能够为游客提供更为智慧化的营销与服务，实现涉旅数据的应用，以点带面，形成示范效果。

五、应用价值

杭州提出了大数据战略以及《“数字杭州”（“新型智慧杭州”一期）发展规划》（杭政办函〔2017〕64 号）、《杭州市科技创新“十三五”规划》（杭政办函〔2017〕14 号）、《杭州市全面推进“三化融合”打造全国数字经济第一城行动计划（2018—2022 年）》、《加快国际级软件名城创建助推数字经济发展的若干政策》（杭政办函〔2018〕114 号）、《关于印发杭州城市数据大脑规划的通知》（杭发改规划〔2018〕183 号）等文件，加快杭州在数字经济第一城方面的建设。杭州市文化广电旅游局结合杭州现状，编制了《杭州市智慧旅游五年规划（2018—2022 年）》，指导杭州市智慧旅游建设。编制了《区域智慧旅游建设规范》《智慧景区建设规范》等规范标准。通过产业引导、技术指导和政策支持等形式，推出了智慧景区、智慧酒店、智慧旅行社、智慧乡村、智慧运营商、智慧电商六个分类的智慧旅游示范企业。2015—2018 年先后推出四批共 51 家市级智慧旅游示范企业（单位）。

建设杭州城市大脑文旅系统。杭州城市大脑文旅系统是落实杭州打造数字经济第一城的战略决策。通过数据的打通，充分协同交通管理、公共出行、城管停车、治安平安等能力，实现“多游一小时”等业务目标。通过大数据驱动提升政府行业监管能力、旅游产业营销效能、公众旅游服务体感，将杭州城市大脑文旅系统打造成为全国数字文旅的样本系统。通过建设杭州城市大脑文旅系统，与其他城市大脑平台进行数据对接，实现信息联动；与杭州市交通运输局、公安局等部门的数据库进行数据共享，以海量、多源的旅游大数据指导杭州全市智慧旅游建设，提升杭州市智慧旅游深度和广度，强化产业监测监管职能，提升智慧旅游管理和服务水平，用大数据的思维和手段进一步解决旅游产业运行监测、旅游应急指挥、旅游营销、旅游投资管理等问题，以有效夯实杭州智慧旅游平台和大数据基础，落实产业监测和应急指挥职能，助推旅游业战略性支柱产业的建设。

基于公众享用的国家考古遗址公园文化旅游研究

项目主持人：长安大学　席岳婷

项目批准号：18TABG004

资助金额：3 万元

起止日期：2018 年 4 月—2019 年 4 月

一、研究背景

随着国民休闲时代的到来，中国旅游业正在迎来大众旅游新时代、全域旅游新方位和优质旅游新战略的机遇时期，“景观之上是生活”“见人见物见生活”“文化遗产与美好生活”“品质、便利、善意的生活空间”等新时代旅游发展观念已经深入人心，基于公众享用理念为导向的文化旅游成为国民幸福产业的新亮点，已然成为人们感受“诗和远方”的重要路径。

在我国区域旅游发展战略与旅游规划中，“国家公园与旅游发展”越来越受到重视，其中国家考古遗址公园作为我国大遗址保护领域日趋成熟的一种遗址保护和文化旅游利用模式，是国家公园体系中的重要组成部分。国家考古遗址公园是满足现代人历史记忆与情感共鸣的场所，文化旅游被认为能够为公众提供更丰富、更独特的体验和服务，是合理引导公众认识、理解、欣赏并保护大遗址的重要技术手段，促进了大遗址这一珍贵资源在当代的“传承”与“共享”。但构建大遗址“国家公园”体系中的“遗址保护”和“旅游开发”的矛盾始终存在，不少国家考古遗址公园因忽略公众的感知与享用而导致针对公众参与感知遗产地精神的机会很不充分。因此，基于“国家公园”战略，关注从文化旅游视角切入国家考古遗址公园的传承和共享，是研究国家考古遗址公园综合功能实现需要积极探索的问题。

二、研究方法

本课题在研究过程中，重点关注首批 12 座国家考古遗址公园，这些公园分布在 7 个省市，有 5 处世界文化遗产，2 处列入世界文化遗产预备名单，3 处 5A 级景区，9 处 4A 级景区，都是高品质的旅游目的地，因此，课题基于场所精神、休闲游憩、体验经济、生态共轭等理论基础，通过文献研究、实地调研，借助深度访谈、质性文本分析、问卷调查、类比分析、统计分析等技术手段和研究方法，综合研究国家考古遗址公园实现"传承和共享"过程中的文化旅游路径与策略。在具体分析撰写中，对以上研究方法进行综合使用，即文献研究与实证分析结合、定性与定量分析结合、专家访谈与问卷调查结合等方法，以支持课题研究。

三、研究内容及结论

（一）研究内容

1. 国家考古遗址公园文化旅游运行现状分析

课题研究首先对首批 12 座国家考古遗址公园文化旅游发展现状进行评析，通过现状调研以及网络评价和网络舆情分析，结合国家文物局发布的《国家考古遗址公园发展报告》，掌握这些国家考古遗址公园取得的主要成绩和存在问题。主要成绩表现在文化旅游影响力的提升、公园魅力和吸引力逐步彰显、管理运行和投入持续向好、公众教育和文化普及异彩纷呈等。但在运行层面和发展层面也存在问题，运行层面方面主要是对公园的属性认知不够，冠称认知度有限，展示方式单一，旅游者对于大遗址展示信息接收程度有限，游憩、科研、教育功能发挥不充分。发展层面表现为文化内涵表现力不强、文旅融合的吸引力不足，导致游客访问量有限。为此，课题也进一步分析了深层次的原因，并提出需要把握三个关键问题：（1）不同地域、不同类型、不同利用程度的大遗址成为考古遗址公园后，如何选择适宜性的文化旅游策略，实现遗产价值的传承与共享。（2）如何满足国家考古遗址公园文化旅游需求的游憩功能。（3）如何引入文化旅游 2.0 时代的创意旅游元素，体现文化价值，活化遗产资源。

2. 国家考古遗址公园文化旅游的提升思路及优化策略

课题重点从理念更新、价值升华、文化共享、解说创新与创意旅游等方面作为提升思路，尝试为国家考古遗址公园文化旅游优化发展提供适宜性策略。强调通过重视

公园功能属性发挥、阐释与展示方式提升、文创产品体系完善等发挥文化旅游的引领示范作用。并进一步从促进国家考古遗址公园文化旅游 2.0 时代（创意旅游）的角度分析了要以考古遗址公园自身 IP 为核心，升级文化旅游方式，重视文化内涵的挖掘和培育文化旅游品牌形象，增强创新意识。

3. 国家考古遗址公园文化旅游的场所精神塑造与培育

依托场所精神理论，重点关注探究国家遗址公园精神上的含义，感知国家考古遗址公园是“表达生活情境”的艺术作品，遗址公园存在的目的在于“保存”并传达意义，满足公众精神上的需求。在考古遗址公园进行文化旅游场所精神重塑，让旅游者尊重遗址，增强考古遗址公园场所的生命力与活力。

4. 考古遗址公园文化旅游解说系统构建

课题研究从空间展示要素“解”与公众内因阐释“读”的双维视角出发，构建国家考古遗址公园文化旅游的解说系统，并从广义概念内涵引入遗产、环境和旅游三位一体的复合阐释系统，全方位引导公众理解、欣赏、保护大遗址。重点强调，虽然大遗址可视化的地表遗存较少，但这个文化意场的氛围极为浓厚，该境域所蕴含的丰富文化气息更需有效传承与弘扬，提升公众感知的场所精神塑造、游憩功能提升、多元化教育功能拓展都需要依赖文化旅游解说系统的创新来完成。

5. 扩展和完善国家考古遗址公园文化旅游的共享平台

主要从负责任的推广计划、智慧旅游推广视角出发，分析文化旅游共享平台的扩展和完善，充分发挥互联网 + 中华文明行动计划的作用，并以过程管理的方式和旅游危机管理应对策略有效监控文化旅游。

6. 国家考古遗址公园旅游者满意度量化分析

通过对部分国家考古遗址公园问卷调查，进行公众满意度量化分析，测度旅游者对于遗址展示的接受度，方便释放和扩展文化旅游的价值功效，为考古遗址公园运行提供决策指导和依据。

（二）结论

本课题研究的结论在于从文化遗产管理与文化旅游发展的双重视角，阐述以对社会负责任的态度及可持续的方式，对珍贵脆弱的大遗址运用文化旅游发展策略进行保护和管理，为社会公众提供高品质的体验经历，是实现考古遗址公园“公众共享”目标的有效路径，真正使国家考古遗址公园成为彰显华夏文明的历史文化基地。重点强调的结论如下：

1. 文化旅游是文化遗产价值传承的重要路径

文化旅游是一柄真正的“双刃剑”，它可能对于国家考古遗址公园建设视为威胁，但至少目前可以被视为潜在的拯救者。在未来，会有越来越多的人希望了解文化遗产而走近考古遗址公园体验感受，文化旅游是文化遗产价值传承的重要路径。同时，文化旅游能够因为门票、税收、商业消费等带来必要的收入，可用于遗产保护或其他必要资金。文化旅游是考古遗址公园建设管理中文化遗产保护与合理利用的合作者，而不是竞争者。因此，考古遗址公园是遗址保护的目标和文化旅游产品开发与推广合的共享平台，文化旅游可持续发展是长期的。

2. 构建完善的解读系统是实现考古遗址公园遗产价值共享的关键所在

展示是“考古遗址公园”模式存在的核心价值，建设方的展示体系与公众方的阅读导赏的体验接收契合才可做到遗产价值的共享。因此，涉及遗产、环境、旅游的复合式的解读系统是引领公众更好感知考古遗址公园遗产价值的有力支撑。

3. 场所精神塑造是提升考古遗址公园公众体验与享用的重要内容

一脉相承的考古遗址公园场所文化精髓的原真性保存极为完整，并依托场所蕴含的文化内涵而重生。体验经济时代，公众追求人文和思想的体验，注重阅历和情绪，因此，通过考古遗址公园场所精神的塑造是提升考古遗址公园公众美好体验的有效路径。

4. 负责任的推广计划是考古遗址公园功能实现的保障支持

负责任的推广计划指导公众有一段有价值的美好经历，可以更多层面地共享考古遗址公园的遗址特色，可以帮助考古遗址公园准确解读与阐释文化旅游核心产品，对于物质产品与核心产品的匹配程度有进行评估的能力，是考古遗址公园功能实现的保障条件。

总之，考古遗址公园从理念形成、创新实践到发展演变，是个长期可持续的过程，如何借助文化旅游的途径充分地展示考古遗址的价值以及文化传承的意义，会受到政治、经济、文化、环境、管理等诸多因素的影响，结构系统复杂，内容涉及广泛。课题的研究更为关切的是将文化旅游优化作为考古遗址公园大遗址的保护与展示的有效方式，深入挖掘文化旅游对于考古遗址公园建设的积极作用和具体可操作性。希望课题关注的视角与结论对于促进国家公园文化旅游发展建设理论与实践是有益的探索。

四、创新之处

课题研究尝试表达两种观点创新：

（1）从“文化旅游”与场所精神视角系统研究国家公园的价值传承与共享，真正实现国家考古遗址公园在“国家公园”战略中的意义。

（2）从空间展示要素“解”与旅游者内因阐释“读”的双维视角出发，构建遗产解说、旅游解说、环境解说三位一体的复合解说体系，提升公众享用机会。

五、应用价值

（1）文化旅游和遗产保护之间存在正相关性，本课题的研究结论和政策建议，对国家考古遗址公园保护与利用的运行实践有借鉴意义。

（2）本课题的实证研究，实践上将考古遗址公园空间转化为公众对遗产地享用的场所，更好地诠释文化遗产和美好生活的关系，对于国家考古遗址公园依托文化旅游路径更好地实现科研、教育、游憩功能提供可操作性的策略，同时，基于公众享用的国家考古遗址公园文化旅游发展的方式对其他国家公园综合功能的实现具经验借鉴和推广价值。

总之，“从最广泛的程度上来说，自然和文化遗产属于所有人。我们每个人都有权利和责任理解、欣赏和保护其普遍价值”。这是 ICOMOS《国际文化旅游宪章》的宪章精神。未来文化旅游会给国家考古遗址公园带来什么？这将始终是人们从不同的视角来回答的问题。《国际文化旅游宪章》实际上很深刻地诠释了文化旅游之于古迹遗址保护与传承的意义，为课题研究涉及的考古遗址公园和文化旅游之间的动态关系提供了指南。因此，课题研究的自始至终都强调希望要通过良好的方式对考古遗址公园存在的重要性有所了解。协调考古遗址的保护和文化旅游之间的关系，如《国际文化旅游宪章》所言：“它确认，对保护工作者而言，积极的对话可以使保护工作获得更大进展，而不是将旅游简单地视为被迫容纳的业务。”

学习视角下的红色旅游国际认同研究

项目主持人：南开大学　李中

项目批准号：18TAAG005

资助金额：3 万元

起止日期：2018 年 4 月—2019 年 4 月

一、研究背景

近年来，红色旅游国际化在国家领导人的重要指示推动下、“一带一路”倡议的积极带动下、多项红色旅游国际合作的拉动下提上国家议程，红色旅游的国际影响力不断扩大，到访红色旅游景区的国际游客逐年增加，红色旅游逐步成为国际社会了解中国、认识中国社会的新型载体。与此同时，红色旅游的国际产品不断丰富，红色旅游国际合作示范区创建、红色旅游海外宣传推介、中国精品红色旅游线路研发等多项举措丰富了国际市场红色旅游体验的产品选择。围绕红色旅游国际化积极开展的各项工作也有力地推动了中国大国形象的塑造，成为我国文化“走出去”战略的新载体，生动讲述中国故事、开展中国特色外交的新路径。

但同时，红色旅游国际化也面临严峻的内外部挑战。内部发展方面，多数红色旅游景区地处经济欠发达地区带来的国际化进程滞后性，旅游开发者思维局限带来的景区发展国际战略缺乏，入境营销方式单一带来的推广缺乏针对性，理论认识不足带来的产品挖掘受限等因素，均制约红色旅游国际化的推进步伐；从外部市场方面，国际游客有关中国的历史背景知识匮乏、语言障碍、国际游客与中国认知思维不同等不可克服的差异使国际游客理解红色文化存在一定挑战。

综上所述，红色旅游国际化的重要意义、积极作用、实践挑战共同要求对红色旅游国际化开展科学深入的研究。本课题认为，推动红色旅游国际化的重要前提是了解

国际游客红色旅游体验的特点与规律，这就要求红色旅游国际化研究需要站在国际游客视角，研究国际游客的感知与体验，探索国际游客对红色旅游的认知与态度。因此本课题借鉴已有跨文化传播、外宣翻译、意识形态等理论视角研究经验，提出从游客的学习视角，开展国际游客红色旅游体验研究，为红色旅游研究提供新思路、新视界。

二、研究方法

本课题运用经验学习理论、情境学习理论、旅游式学习理论和遗产旅游相关研究，运用访谈法、内容分析法、扎根研究方法，历时 10 个月，以来华留学生和国际游客为调研对象，以网络评论数据和实地调研数据为来源，进行数据收集。研究样本包括来华留学生 35 人次，国际游客 37 人次，评论数据 7 万字，访谈文本 4.5 万字。

三、研究内容及结论

（一）国际游客的红色旅游认知与态度

课题组通过访谈来华留学生，对国际游客的红色旅游认知和态度进行了初步的调查和研究。访谈问题从历史知识了解程度、历史精神理解程度、相关景区参观经历等角度展开，对以留学生为代表的国际人士红色旅游认知情况进行分析归纳，得出认知情况三种：不了解、一点了解、认为应该去了解。

由于未进行过相关专业学习，仅通过互联网、聊天、选修课等途径获取知识，因此留学生对红色旅游的总体认知水平低，仅停留在浅表了解的层面，对于具体的景区景点、城市区位、历史史实等不了解；对红色旅游参观有一定兴趣和意向，但也存在战争杀戮等刻板印象；在同等时间内，留学生会更倾向于中国的历史文化名胜，而不是红色旅游景区。

（二）国际游客的红色旅游宣传与体验差距研究

课题组对国内红色旅游国际宣传文本和国际游客关于红色旅游的评论内容进行了对比分析。国内文本来源于全国红色旅游工作协调小组办公室的相关文件和报道；国际游客的评论内容来自《China Daily》国际观察板块的新闻报道，运用 Google 搜索收集的博客文章、游记，以及国内新闻报道的国际游客红色旅游的采访文章和国际游客评论。运用质性分析软件ROST对七万余字中英文本进行词频和语义网络分析，为了研究结果更为准确，本研究用高频词汇百分比替代频次并进行语义网络分析，识别语义网络中心词。得出国内文本的网络中心为“文化”与“红色”，国际文本的网络中心为“历史”与“中国”。

通过国内外文本对比分析可知，国际游客将红色旅游是中国历史的呈现，是了解中国的途径和窗口，与红色旅游宣传推介的红色精神和文化内涵有一定差距。由此进一步启示关于国际游客红色旅游体验的研究，有必要从国际游客的旅游动机入手，探究其实际体验以及对红色旅游的认识。

（三）国际游客红色旅游景区实际体验研究

课题组前期对江西井冈山景区、湖南韶山景区、贵州遵义会址景区、北京中国国家博物馆和北京卢沟桥、中国人民抗日战争纪念馆进行2个月的国际游客监测，最终选定中国国家博物馆作为调研地点，对参观《复兴之路》展厅的来自20个国家和地区的37位国际游客进行访谈。

依据访谈结果，结合动机、体验的分析发现，对国际游客在红色景区参观的体验形成如下结论：

1. 国际游客对红色旅游有较高学习意愿，学习体验未达到理想状态

游客的学习体验受场景因素、个人因素影响呈现为正念状态与心不在焉状态，理想的学习结果为场景因素与个人因素驱动游客产生较高专注力并获得深度学习体验，在对参观内容获得深入理解的同时，体验到较高的满意度。

调研发现国际游客对红色旅游有较高学习意愿和参观兴趣，但是红色旅游景区内缺少对内容的基础讲解和相应指导，导致国际游客参观过程较早进入疲倦状态，参观停留时间短，无法获得深度的学习体验。

此外，有一部分国际游客到访红色旅游景区出于朝圣动机，有较高的参观兴趣，同样由于景区内的场景因素包括展示方式、新奇程度、游客管理与游客的期望有较大差异，导致国际游客有较高疲劳感和较短的停留时间。

总体上，国际游客认为红色旅游景区是学习场所，有更多的信息传递和思想体验，但是场景因素制约了游客的学习体验及对景区的了解兴趣。小部分游客将红色旅游景区视为“必须到访”的义务到访地点，参观经历使其获得较高满意度。

2. 国际游客对红色旅游形成“中国的”象征联想

研究发现，体验过程获得的理解影响游客思考及态度形成，国际游客在红色旅游

景区参观后对参观内容缺乏理解，在认知上获得激发好奇心、提出新问题、愿意发现新事物等积极变化，在态度上未能改变参观前的刻板印象，如“中国与（欧洲）国家很不同”，通过将熟悉的内容与参观中发现的内容进行比较，认为红色旅游是“中国的”事物，主要是中国人在讲述自己的故事，对中国人具有更重要的意义；对于国际游客则是认识中国、了解中国的一个有价值的渠道。

3. 国际游客在红色旅游体验后“他者”身份，文化距离被拉大

研究发现，由于国际游客将红色旅游视为“中国的”符号，与红色旅游的接触、互动主要是对中国特性的发现，与自身缺少情感纽带，共享情感和情绪等重要的深度体验没有发生。因此，国际游客对红色旅游的解读主要是进一步对中国“他者”身份的确认，无法建立与红色旅游的联系，共同语言、共同记忆、文化亲和力、认同等重要的社会心理元素，除有限的道德认同之外，价值观、文化认同等态度难以形成。

四、创新之处

本研究从国际游客体验出发，从学习视角对国际游客的红色旅游体验进行研究，探索国际游客对红色旅游的认知与态度，为红色旅游研究提供新的研究思路。

研究揭示出红色旅游景区对于国际游客而言，很大程度上是不熟悉的，作为不熟悉的消费，国际游客的体验缺少情感纽带和建立联系的支点，因此认同动机、情感动机并没有出现，游客很大程度上仅有认知评估。在不熟悉的环境中，解说、人际互动等因素是游客体验的必要支持，总体上红色旅游景区的支持力度不足，导致国际游客有较高学习意愿，较低学习收获，阻碍了红色旅游文化的传播。

五、应用价值

在经济全球化和文化全球化不断推进的背景下，针对红色旅游这一具有中国特色、热点吸引力的旅游形式开展研究，为了进一步推动红色旅游国际化，课题组结合研究发现从国际化推广策略、景区接待设施和景区的展陈水平提出针对性的发展建议。

（一）红色旅游应与其他文化遗产联动营销

总体来看，国际游客单独出访红色旅游景区的可能性较低，但中国古代史对国际游客具有强大吸引力，且与红色旅游之间存在千丝万缕的联系，相关历史的参观游览可以提升国际游客的旅游体验。因此，红色旅游国际化在起步阶段，有必要与其他代表性文化遗产进行联动营销，串联成“中国历史”参观线路，从古代的伟大成就至近代的救亡图存、艰难探索呈现一个全面的中国。借助联动营销首先提升红色旅游的认知和了解水平，在具备认知评估的基础上，开展情感营销、价值传播等多途径开拓举措。

（二）红色旅游应加强历史叙事能力

国际游客对中国历史、中国近代史的了解来源于红色旅游景区完整详细的事实内容讲解，而目前红色旅游景区的展示主要服务于传播红色文化内涵和艰苦奋斗的精神，缺少整体叙事和连贯呈现，这导致国际游客在参观后强化了对“中国很不同”的认识，却无益于理解与认同。为提升国际游客的体验，红色旅游景区有必要增加历史背景介绍和主要事件发生经过的叙述，在普及基本知识的基础上再进一步呈现其中蕴含的重要精神内涵和伟大品格，根据认同形成的规律，为学习内容做好重要铺垫。

（三）红色旅游景区应提升游客体验设计

导致国际游客对红色旅游的认识和体验均没有达到期望水平的重要原因之一是红色旅游景区的国际游客服务有很大提升空间，场馆内基础设施的设置、讲解服务的同期匹配、讲解内容的文字翻译、展览形式等均未达到理想水准。因此，红色旅游景区需要从讲解服务、展示说明、场馆导览、展示设备等方面提升体验环境，可根据需要率先在已经有国际游客到访的红色旅游景区开展探索试验，如开辟国际游客导览线路、国际游客体验营等，逐步做好面向国际游客的红色旅游体验服务与相应设计。

基于乡愁记忆的乡村文化恢复机制及旅游产业发展模式研究

项目主持人：四川大学　程励

项目批准号：18TACG006

资助金额：3 万元

起止日期：2018 年 4 月—2019 年 4 月

一、研究背景

（一）现实背景

1. 城市化的快速推进

中国的城市化进程历经了 40 年的高速发展，截至 2018 年年底，我国的城市化水平为 59.58%，要达到发达国家的 75% 城市化率，还有约 2.15 亿人进入城市。中国城镇化大规模的建设活动、人口结构的调整、现代化生活需求的急剧变化等，村镇化发展、城乡统筹、美丽乡村导致了城镇面貌趋同、文化同质或断裂的现象。在“千城一面”的发展形势下，城镇居民的乡愁如何寄托，到乡村寻找怎样的乡愁?

2. 乡村的凋敝与回不去的乡村

权威资料显示，2015 年，我国农村有留守儿童 6000 万、留守妇女 4700 万和留守老人 5000 万；过去 25 年，超过三分之二的农村小学已经关闭，每年有 200 万公顷的农田被弃耕。

乡村振兴战略，是对我国农村现实生活中存在的老龄化、空心村、产业凋敝、贫困等矛盾和问题的一种呼应。2013 年中央农村工作会议上就指出，农村是我国传统文明发源地，乡土文化的根不能断，农村不能成为荒芜的农村、留守的农村、记忆中的家园。2013 年 12 月 12 日中央城镇化工作会议公报中提出新型城镇化建设要“看得见山，望得见水，留得住乡愁”。

3. 城市生活与环境破坏中乡愁情结兴起

在冰冷坚硬，雾霾笼罩的城市里，都市人开始怀旧，怀念过去乡村的袅袅炊烟、小桥流水、破旧器物、田园风光等。这些乡村元素经过他们的怀旧思潮无限放大，变得光彩照人，抚慰着都市人的焦虑与辗转迷茫。乡村旅游，在都市人的心目中，已成为连接乡愁的一种生活审美和审美行为。

然而乡村旅游表面上红红火火，但也开始呈现雷同化的弊端，如村庄失忆、传统村落消失、农村空心化、乡土性缺失等，甚至原本安静闲适的乡村变得嘈杂功利，记忆越发模糊。一些传统文化渐渐被世人遗忘，“精神家园”成为现代人的内心期盼，“乡愁”成为让人想起便唏嘘不已、黯然伤神的字眼。

（二）乡愁理论与旅游发展

乡愁不仅是城市化发展导致的社会内容，还是精神共享与社会文化的主要体现，也是现代旅游业最值得关注的新发展方向之一（Uriely，2005），对旅游业具有积极的影响，能够对潜在游客起到激励的作用（Yoon & Uysal，2005 ）以及增强游客的体验价值（Jarratt & Gammon，2016）等。

尽管乡愁引起了很多学者的关注，但是其仍然是一个相对未开发的跨学科概念，没有太多的实证研究来支持它，其特殊性与其他社会结构、情感的相互关系使得很难明确区分开（Christou P.，Farmaki A.，Evangelou G，2018），体现出难以捉摸和复杂的情感，因人而异（Bellman，2007；Yeh et al.，2012），具有较高的主观性（Chen eh，S.，& Huan，T.，2014）。

在研究方法上，目前对“乡愁”的研究还是以定性分析，案例分析为主，大多是理论探讨、逻辑推演和思辨，缺乏有数据支撑的定量分析结论。

为此，本研究基于当前城市居民对乡村本质回归的向往，探讨乡愁记忆的演化过程和作用机制、构建乡愁记忆研究的整体框架，提取乡愁文化基因，运用集体记忆、文化基因等理论和建构主义方法确定乡村文化恢复与重构路径，构建符合中国乡村特点的文化重构模式，提出乡村文化保护利用与恢复重构的研究思路及旅游产业发展模式。

二、研究方法

（一）深度访谈法

为了更深入地了解城市居民真实的乡愁记忆的内心感受、认知及情感，本研究以成都市的居民为主作为调查对象，依据之前设计好的 9 个访谈问题进行访谈，以一对一、直接进行面对面交流方式进行。通过对被访谈者的口语或肢体语言进行观察与接触，获得了城市居民对乡愁记忆的真实看法。最终完成访谈文本 21 个，访谈文本数据约 7 万字。

（二）扎根理论方法

文章以 Nvivo11 软件作为扎根理论研究的辅助工具，对获取的城市居民乡愁记忆访谈资料依次进行开放式编码、主轴式编码和选择性编码。生成近 1100 条自由节点，初始概念 140 个，副范畴 31 个，主范畴 6 个，确定乡愁的内涵及构成要素，构筑“乡愁”载体，形成乡愁乡村文化基因系统，确定乡村文化重构模式。

（三）问卷调查法

本研究根据城市居民乡愁记忆的访谈扎根结果，设计出一套关于乡村旅游地潜在游客的乡愁集体记忆、乡愁心理及乡村旅游意向调查问卷。采用现场调查和网络调查两种方式，现场调查点设在成都市人民公园、成都市博物馆、成都市浣花溪公园以及四川省博物馆四个地方，调查对象均为乡村旅游地潜在游客。共回收有效问卷 431 份，其中现场调查收集 320 份，网络调查回收 111 份。

（四）数理分析方法

本研究为了研究不同的被调查对象之间的差异，采用了 SPSS 统计方法中的方差分析、T 检验；采用了因子分析法对不同潜在变量间的主成分进行归纳，为后续的结构方程模型分析奠定基础。

采用结构方程模型分析乡愁集体记忆、乡愁心理、乡村旅游态度与乡村旅游意向等潜变量之间的复杂关系，对城市居民的乡愁社会心理进行解构，分析其结构关系及影响效应。

（五）案例分析法

选取具有“中国十大最美乡村”称号的成都市青杠树村作为研究对象，该村 2016

年被评为“中国休闲美丽乡村”，在2016年还被评为国家4A级旅游景区。其乡土文化在我国的乡村中具有代表性。研究团队多次前往青杠树村进行参与、非参与式观察法等方式进行实地调研，在此期间多次与青杠树村的开发团队成都开心农业开发有限公司、青杠树村委会主任、迈高公司、三道堰镇景区管理代表等进行座谈，对青杠树村的旅游开发理念、背景、旅游资源等有了较深的了解，对其乡土文化有了较为深入的了解。

三、研究内容及结论

（一）研究内容

本研究通过对城市居民乡愁记忆分析和研究，明确乡愁记忆的内涵与构成要素，依据文化基因、乡愁记忆等理论和建构主义方法确定乡村文化重构内涵，构建符合中国乡村特点的文化重构模式，最后在此基础上提出“乡愁记忆+乡村文化”的旅游产业发展模式。

（二）研究结论

1. 通过扎根理论分析对城市居民的乡愁集体记忆、乡愁维度、乡愁文化基因与乡愁载体进行新的解读

本研究通过对城市居民乡愁记忆的访谈本文进行扎根理论分析，通过编码提取出了“乡愁、乡愁集体记忆、旅游和生活体验、乡村旅游动机、地方感与乡村旅游态度”6个主范畴以及31个副范畴，并对他们之间的关系采用选择式编码进行解读，如图1所示。

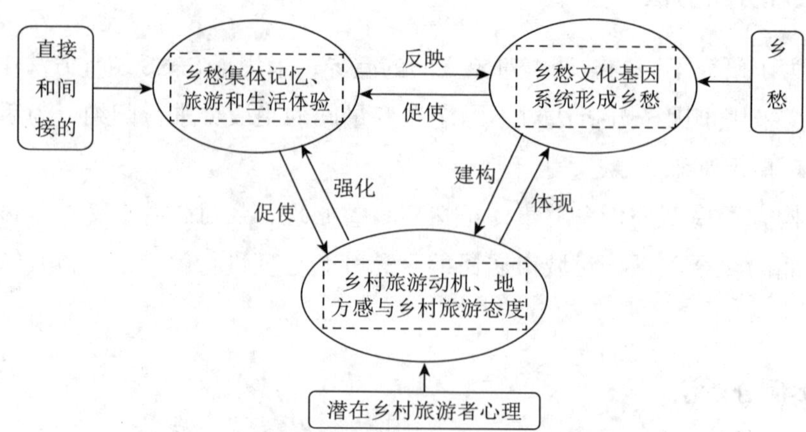

图1 城市居民乡愁记忆与乡村旅游态度质性分析结构

乡愁集体记忆包括乡愁个人记忆和间接的集体记忆。乡愁文化基因系统包括宗族文化、乡村饮食文化、乡村建筑、乡村的精神理念、乡村文学艺术、乡村管理制度、乡村的器物、民间传说、传统节日与风俗习惯、传统服饰、当地语言、当地民风以及传统农耕等乡土文化以及田园风光、动植物、天气气象景观以及乡村特有的泥土气息等生态文化。乡愁承载包括社会关系、乡愁中的个人认同以及乡愁中的群体认同等。乡愁集体记忆、先前的旅游和生活体验是居民直接和间接乡愁体验的主要来源，也是居民乡愁文化基因系统的重要反映。乡愁文化基因系统是居民乡愁的重要载体，是居民乡愁的重要构成部分，同时也促使和强化了其乡愁集体记忆的形成。乡愁建构了居民的地方感，进而影响居民的乡村旅游动机和旅游态度，乡村旅游动机和地方感与乡村旅游态度也是居民乡愁的重要体现。

2. 人口统计学因素对潜在游客的乡愁集体记忆和乡愁心理具有重要影响

通过差异性分析，年龄、职业、学历以及成长环境均对潜在游客的乡愁集体记忆和乡愁心理存在不同程度的影响。老年人对乡村旅游地的乡土文化比较在意，他们往往对籍贯充满感情，说明随着年龄的增大，乡愁情感越强。女性的乡愁个人认同明显高于男性。

3. 潜在游客的乡愁集体记忆—乡愁心理—旅游态度与旅游意向之间的路径关系得到验证

通过结构方程模型分析发现，潜在游客的乡愁集体记忆会显著影响其乡愁以及乡愁情感，而乡愁会显著影响其旅游态度，也会显著影响潜在游客的乡村旅游意向。具体来说，潜在游客的乡愁个人记忆对乡愁中田园风光、乡土文化、放松逃离以及群体认同具有显著正向影响。潜在游客的集体记忆“社会交流”对乡愁具有显著正影响，其对乡愁承载中“社会关系、个人认同以及群体认同”也具有显著性影响。潜在游客的集体记忆“社会交流”对乡愁情感也具有显著性的影响。乡愁集体记忆中的媒体宣传仅对乡愁中的乡土文化具有显著正影响，潜在游客的集体记忆“事件记载”对其乡愁以及乡愁情感均具有非常显著的正影响。乡愁维度中的田园风光、放松逃离旅游动机、乡愁承载对乡村旅游态度具有显著的正影响。潜在游客的乡愁情感对乡村旅游态度以及乡村旅游意向的影响都具有非常显著的影响。此外，潜在游客的乡村旅游态度对乡村旅游意向具有显著正向影响。

四、创新之处

本研究通过乡村旅游将“乡愁记忆”与“乡村振兴”结合起来，探讨乡愁的内涵与构成要素；依据文化基因、集体记忆等理论和建构主义方法确定乡村文化恢复的路径与方法，构建符合中国乡村特点的文化重构机制，从微观层面拓展“乡愁”“乡村文化恢复”与“旅游发展模式”的良性互动。主要创新如下：

（1）乡愁对现代都市人来说，是已经不能成真正回归而真正得以消除的“乡愁”，它已经成为集体记忆；

（2）乡愁文化基因必须形成完整的系统，即“乡愁文化基因系统”才能形成真正的乡愁的承载，由社会关系、个人认同及群体认同承载的乡愁对个体能产生强大的心理作用；

（3）单一的或者不完整的乡愁文化基因表达难以产生推动力的乡村旅游态度、动机与地方感；

（4）乡愁文化基因系统的科学表达与都市人（潜在游客）集体记忆的共振（共睦态）才是乡村旅游发展源源不断的动力；

（5）乡愁的研究以及开发路径涉及客观主义的乡愁（个体）、建构主义的乡愁（个体与群体）、存在主义的乡愁（个体与群体）。

五、应用价值

党的十九大提出的乡村振兴战略是针对乡村发展过程中存在的凋敝、乡村文化的衰败现实问题而提出的新的国家重大战略，本研究将深化乡愁记忆的文化旅游空间建构、乡村文化传承机制与旅游载体构建、可推动乡村优秀传统文化创造性旅游转化和创新性发展，对乡村文化的保护和传承意识具有现实意义。课题将通过构建乡村振兴视域下的“乡愁记忆—乡村文化—旅游产业发展模式”的相互关系，引导乡村旅游“乡愁记忆＋乡村文化”之下产业开发，从而为乡村振兴、乡村文化保护和乡村旅游持续发展提供理论支撑和实践依据，为乡村文化和乡村旅游研究提供借鉴和启示。

学生就业意愿与就业能力提升下的我国旅游本科教育优化研究

项目主持人：安徽大学　刘法建

项目批准号：18TACG007

资助金额：3 万元

起止日期：2018 年 4 月—2019 年 4 月

一、研究背景

未来旅游业的竞争是人才的竞争。劳动密集型的行业属性决定了旅游业发展对从业者的数量和质量都有较高的要求。改革开放以来，中国旅游业的快速发展也催生了对旅游人才的大量需求。2017 年，我国全年实现旅游业总收入 5.40 万亿元，旅游直接就业 2825 万人，直接和间接就业 7990 万人，与之相应的旅游在校生规模达到了 44.04 万人，较之 2000 年分别增长了 10.95 倍、4.01 倍、1.85 倍和 0.3279 倍。旅游人才的供给远跟不上需求的爆发式增长，然而这种人才需求的巨大缺口并未带来旅游管理专业学生就业的热情，毕业生行业内就业意愿低、流失率大普遍存在，甚至出现学校层次越高，旅游专业相对越难就业的窘境，人才供需的结构性矛盾突出。旅游人才的供需错位和大量流失，无论对学生、高校还是旅游行业，都是极大的浪费和损耗。对学生来说，“非本行业就业”“学非所用”的就业倾向，是对本科学习几年积累的旅游专业优势的一种浪费；对高校来说，是旅游教育资源的一种损耗；对旅游企业来说，会提高其专业培训成本；对社会来说，不利于人力资源的合理配置。高层次旅游人才的流失，一定程度上成为制约我国旅游行业发展质量提升的症结所在。

无论是对人才的需求还是人才的培养，都存在信息和沟通不对称的现象。由于行业自身性质和发展层次的局限性，社会上普遍存在“旅游行业就业环境差、工作不体面、待遇不高”等认知偏差，社会对旅游行业的认同度较低，不仅会影响学生选择就读旅游管理专业的积极性，而且会降低本专业学生的就业倾向和旅游行业就业意愿。这也导致旅游行业工作被认为是低端的服务业，旅游管理本科生不愿进入其中。随着就业层次的走低，在专业选择时学生越来越不愿意就读旅游专业，毕业生也越来越不愿意留在旅游行业。这种现象在综合性大学和重点大学尤其普遍。因此，了解旅游管理本科学生真实的就业意愿和态度，找到可以影响旅游管理学生就业意愿的关键因素，尤其是可以影响和干预的因素，是旅游高等教育机构和管理部门破解就业问题的突破口，也是高校可介入并施加影响的重要环节。只有了解到旅游管理学生到旅游相关行业工作的意愿如何，会受到哪些因素影响，并以此制订科学、合理、有针对性的人才培养方案，才能有效提升学生的就业意愿和就业能力。

二、研究方法

本研究首先展开理论与文献分析，围绕相关主题在国内外主流期刊查找文献，然后采用文献统计方法对各种信息进行分析；随后利用相关理论，比较、提炼相关主题，概括旅游类学生就业研究的主要框架，揭示未来研究方向和理论切入点。

利用上述分析结果，结合元分析方法所确定的影响学生就业意愿的具体变量，并综合比较国内外关于旅游管理专业学生就业研究所采用的经典量表，以及中国旅游管理学生的实际状况，设计包含就业能力、就业限制、忠诚与意愿、满意度、专业认同等在内的调查问卷。在安徽大学校内预调研，并完善修改的基础上，2018 年 12 月 10~30 日，选择国内不同地区、不同类型的旅游管理本科院系（包括安徽大学、中山大学、华侨大学、安徽师范大学、福建师范大学、合肥学院、黄山学院、池州学院等）开展问卷调查。研究对象既涉及原 985 工程、211 工程院校，也有普通本科院校，以期能够全面地反映旅游管理学生的就业情况。

运用管理学研究思维，在理论分析基础上，建立就业能力，就业限制，忠诚与意愿，满意度，专业认同等就业环节不同变量之间研究模型，提出研究假设，然后运用 SPSS、AMOS 软件进行统计检验、多元回归模型和结构方程等展开定量模型分析，验证相关假设，分析结果和结论。

三、研究内容及结论

通过上述理论分析、问卷调查和定量分析，本研究取得了如下结论。

（1）以学生主体感知视角展开研究是旅游教育研究领域的有效手段和国际学术热点。通过对 HTM 主流国际期刊中学生就业主题文献的梳理，本研究概括出 4 类研究对象（在校生、毕业生、行业管理者、高校及教师）、4 类因素（个人主观、社会环境、行业条件和教育教学）影响下的 HTM 就业 4 个过程环节（动机期望、感知评价、就业能力、就业决策）研究框架，并指出了提升旅游就业有效路径是旅游就业观念的改变和就业意愿的提升，而探究学生对专业及行业的认知、认同和态度的构成及影响因素将成为这一研究的主要内容和核心思路。国内相关研究应从教育内容、教学模式等客体分析转变到以主体感知视角上，以 HTM 在校生和毕业生的所知所想为依据，弄清矛盾的根源和作用机制。

（2）工作条件因素是影响旅游管理专业学生就业意愿的重要内容。利用元分析所提炼出的工作条件因素三个维度（个人感知、社会认知、客观属性）9 类变量，以及比较研究，发现工作环境条件、就业前景和学生形成的工作忠诚度的对于就业意愿的影响最明显。并且国内学生对于薪资、工作满意度和工作忠诚度的重视程度要高于国外。相关结论指出学生就业意愿的形成和强化，需要产业端和高校端的共同努力。旅游用人单位不仅要通过提供更好的工作环境和待遇、形成重视人才的企业文化和氛围，而且要加入旅游人才培养的过程中，联合高校培养学生对于行业的认知、认同和忠诚，从而引发行业就业意愿。

（3）综合已有文献和本研究的调研，本研究认为学生认为应该具备的就业能力既包括特定的工作技能，也包括一般工作能力和必备的素养和品质。尤其是学生的品质和素养在学生感知到的能力维度构成中，因子载荷最大，学生较为看重。因此，学校不仅要强调业务操作能力课程模块的设计，而且要开展通识性课程，扩大培养口径，为学生提供更广泛的知识资源和能力结构体系。同时要提供更多的机会引导和培养学生的自我管理、抗压、创造力等基本素养。就业能力对就业意愿产生了正向影响，培养学生就业能力有助于提高他们的就业意愿；此外，专业认同和满意度还起到了中介作用。进一步说明了旅游教育需要整个社会系统的配合和支持，才能有利于高校培养学生就业能力，并引导其从事旅游行业工作的可能性。

（4）作为传统的正向性影响因素研究的补充，利用职业障碍相关视角，分析就业意愿的负面影响因素一定程度上也能够揭示出就业意愿的形成机制。本研究借鉴职业限制理论相关界定，将阻碍学生就业等因素分为亲友限制因子、工作条件与教学限制因子、个人能力限制因子、就业前景限制因子四类。在对就业意愿的影响分析中，个人能力限制因子的作用最大，这与就业能力研究结论相一致。但年级、专业等差异会影响这一过程。上述结论为高校以教育破解学生对就业限制因素的感知提供了依据。

四、创新之处

内容创新：本研究试图从旅游管理专业本科生这一主体视角出发，通过其对能力、态度、意愿和限制性因素等方面的感知，并分析相互影响和比较，一定程度上是对目前国内旅游教育研究偏重于教育、教学自身环节的补充和拓展。

理论创新：本研究借鉴和引入职业行为、心理学、经济学、教育学等相关理论，尝试构建学生就业研究的框架和结构体系，厘清相关研究的结合点和内在逻辑，力图为未来研究指出拓展和深入的方向。

方法创新：除了从理论和模型构建上不断探索学生就业研究的新话题外，本研究还将元分析方法用于分析影响学生就业意愿的工作条件因素上，不仅可以提炼出各种因素的关系，而且能够全面比较各因素的作用程度，并获得了一定的研究结论。

五、应用价值

高校方面：了解学生的就业感知过程和影响因素，尤其是有关教学和就业能力方面的因素对针对性地制订人才培养方案，创新人才培养模式具有参考价值。首先，本研究所发现的行业就业意愿相对较高的学生的共性特点，可以为招生等环节提供选择依据；其次，建议各高校增加基本素养和实践类课程，创新人才培养模式，有效提高学生的品质和素质、职业发展能力等对就业意愿具有显著影响的能力要素；最后，优化设计专业实习，注重细节，缓解实习中的负面情绪所导致的就业限制因素，通过多种路径建立专业认同度和满意度，从而提高行业就业意愿和忠诚度。

企业方面：根据工作条件因素的元分析研究结论，建议旅游企业等用人单位，不仅需要积极与高校合作，参与到人才培养的过程中，联合高校培养学生对于旅游工作的认知、认同和忠诚，以激发行业就业意愿。同时切实提供更好的工作环境和待遇，树立起良好的企业和行业形象品牌，形成重视人才的企业文化和氛围，减少学生对于

行业的负面感知。

家庭和社会方面：建立尊旅重旅的社会文化氛围，减少工作—家庭冲突所带来的负面影响也是提高旅游管理学生就业意愿的必要保证。旅游部门不仅要在各种媒体上宣传旅游信息和品牌，树立旅游行业和旅游工作者的良好形象，还要提高服务工作社会地位，让大众将旅游行业作为一个体面的行业来看待，转变社会鄙夷服务工作的传统观念；同时，营造尊重服务劳动的舆论环境，政府和行业协会等组织可通过经常举办旅游服务技能比赛的方式，让社会认识旅游服务的技术含量，全面改观旅游行业的社会认可度，这不仅可以打消家长对旅游行业就业的顾虑，而且会潜移默化地影响旅游专业学生，增强他们到本行业工作的意愿。

共享经济模式推动优质旅游发展的机制与路径研究

项目主持人：云南大学　李云霞
项目批准号：18TABG008
资助金额：3 万元
起止日期：2018 年 4 月—2019 年 4 月

一、研究背景

（一）共享经济正深度重塑中国的经济形态，实质性地助推旅游业的业态创新

从日常生产到生活，以移动互联网为基础的共享经济，正给资源有限、产能过剩、发展不平衡和不充分的中国带来新机遇。共享经济利用社会闲置资源、将过剩的产能创造出经济效益，变成新供给和有效扩大消费需求，因而成为推动供给侧改革的有力抓手。共享经济产生以前，传统的旅游接待服务供给，如住宿、餐饮、交通、导游等，都是由酒店、餐馆、车船公司、旅行社等专业化企业向旅游者提供标准化服务。共享经济产生之后，完全由专业性旅游企业包揽旅游服务供给的情况发生了改变，旅游目的地居民及其闲置物品也能够成为旅游新供给。

随着网络通信技术的不断进步和移动互联网的日益普及，共享经济下的互联网将更高效地匹配旅游目的地居民拥有的闲置资源和碎片化资源，网络平台成为连接具有相应需求的旅游者之间的沟通桥梁。进而言之，旅游共享经济能够使旅游目的地居民将个人闲置的资产、空间、技能、时间等通过网络平台转化为具有接待能力的供给。为此，共享经济将催生很多原来不存在的交易和服务，助推旅游业的业态创新。例如，

Airbnb 作为共享旅游企业的代表，其发展速度令人叹为观止。除了在线房屋租赁、在线旅游租车平台等共享平台服务企业之外，特色私厨（家庭餐厅）、家庭访问点、旅游创客基地等新业态不断涌现。

（二）共享经济与旅游业天然契合，解决旅游业发展中始终存在的两大问题

共享经济模式整合旅游目的地闲散资源且提供非标准化旅游产品供给，与旅游者转型升级的个性化、多样化需求天然契合，使得旅游业成为受共享经济影响较大的先驱行业之一。共享经济模式围绕旅游活动六大要素“食、住、行、游、娱、购”中心环节，显现出创新发展态势。中国旅游研究院调查显示，有 83% 的 Airbnb 房客希望在旅游过程中融入当地生活，获得做当地人的体验。共享经济要素与旅游产业要素的相互碰撞、相互渗透、相互促进，诞生出新兴的共享旅游产品，由此解决了旅游业发展中始终存在的两大问题：一是资源优化配置和个性化问题，二是淡旺季旅游供给侧和需求侧不对称问题。同时，改变着传统的旅游消费观和消费行为，促进了旅游业的变革，并实质性地推动优质旅游发展。

（三）旅游共享经济模式是助推全域旅游发展战略实施的重要抓手

一方面，社区是旅游目的地资源的基本来源和地方文化的重要载体，社区居民是旅游相关利益群体的重要组成部分。传统的社区参与渠道主要包括参与旅游环境保护和清洁卫生、参与旅游接待服务、参与企业经营管理，而旅游共享经济场景中，旅游目的地居民以自己的闲置资源作为资本，通过旅游共享平台来参与接待服务，具有更强的自主性、选择性和创造性，尤其是依托家庭住宅、汽车、技能进行的参与。旅游目的地居民不仅仅为了赚取外快或寻找其他的收入来源，还寻求结识朋友、寻找归属感、追求梦想等高层次需求的满足。这种参与方式的出现，丰富了旅游目的地社区参与的渠道和方式，提高了社区参与的收益，还有利于兼职从业人员更加妥善地处理本职工作和社区参与之间的关系，由此极大地提升了居民的获得感和幸福感。

另一方面，全域旅游本质上就是为迎合大众旅游时代的旅游消费需求而生，在满足旅游者求新求异求美的同时，提升旅游者旅游全程和全方位的旅游体验。与传统旅游发展模式相比，旅游共享经济中的收益等于经济收益加精神收益，其发展可以实现供方与旅游者更高层次的欲望与需求。进而言之，旅游共享经济为全域旅游发展插上了腾飞的翅膀，注入了强大动力。当下，全域旅游还处在积极推进、加速转型的阶段，虽然共享经济不能彻底转变传统旅游业的发展模式，但是共享经济注定是助推全域旅游发展的强大动力和重要抓手。

二、研究方法

（一）大数据研究法

通过网络平台获取本研究所需要的大数据信息，综合运用大数据的四种分析方法，即描述型分析、诊断型分析、预测型分析和指令型分析，对旅游美好需求侧进行分析研究。

（二）归纳法和演绎法

依据共享经济和旅游学理论的逻辑框架和观点，探索共享经济与优质旅游融合发展的原理，对共享经济下旅游目的地优质旅游共享供给侧系统进行论证。

（三）实证与案例研究法

以旅游目的地为实证研究地，利用现有实地调研数据和经验，进行“主客众包”研究设计，对共享经济模式推动优质旅游发展的“主客众包机制”进行论证；以旅游目的地各类型共享主体作为案例源，进行“群体协同”研究设计，对共享经济模式推动优质旅游发展的“群体协同路径”进行论证。

三、研究内容及结论

（一）研究内容

1. 大数据背景下旅游美好需求侧研究

旅游美好需求侧引领旅游目的地供给侧系统优化。新时代旅游发展已从依靠感性经验转向依托大数据进行决策。本课题研究利用大数据的数据数量和维度预广度，综合分析各类旅游信息，掌握各种多样化、个性化的优质旅游需求侧。通过对旅者网络词频信息的收集、整理和分析，全面掌握旅游美好需求侧的变化与趋势，以期回答“为什么要进行共享经济模式推动优质旅游发展”。

2. 基于共享经济的优质旅游共享供给侧系统构建

依据共享经济要素（需求方、供给方、平台）与旅游供给侧结构要素（市场、产

品、供方、产业、空间、发展）渗透融合，以旅游目的地共享资源和共享信息为维度，以智能化和个性化的旅游需求侧作为脉络，构建基于共享经济的优质旅游共享供给侧系统。其中，市场结构优化是基础、产品结构优化是核心、供方结构优化是关键、产业结构优化是支撑、空间结构优化是突破、发展结构优化是保障，以期回答“共享经济模式推动优质旅游发展是什么”。

3. 旅游目的地“主客众包”推动优质旅游发展的机制研究

“主客众包”是共享经济下协同消费的新模式，即根据主客双方的现实需求或支付意愿，将交换、共享、易物、交易和租赁通过最新技术和对等市场进行重构。移动互联网普及和若干网络共享平台出现，使得“主客众包”模式成为推动优质旅游发展的机制。本研究选取昆明市和畹町镇 2 个不同尺度、不同类型的旅游目的地作为实证研究地，指出“主客众包机制”由资源匹配质量把控、非标准化管理、互信与诚信约束、平台监管四个要素组成，四者相互联系、相互制约、相互作用，其运行贯穿于旅游共享经济协同消费全过程，以期回答“共享经济模式如何推动优质旅游发展”。

4. 共享主体“群体协同”推动优质旅游发展的路径研究

共享主体的“群体协同”是共享经济下协同创造价值最大化的新模式，即共享主体各成员在个体满意的前提下，达到整体效用最大化的合作创新过程。移动互联网普及和若干网络共享平台出现，使得“群体协同”模式成为推动优质旅游发展的路径。本研究选取大理市双廊镇、丽江市大研古城、瑞丽市勐卯镇和昆明市社区作为案例点，指出“群体协同路径”网络节点有旅游共享经济各主体诉求及满足、转型升级旅游美好需求侧、重塑旅游共享经济产品体系、旅游共享经济商业模式创新、搭建群体协同运营体系、实现群体协同效益，由此形成一个闭环路线，以期回答“共享经济模式如何推动优质旅游发展”。

（二）研究结论

（1）旅游美好需求侧与供给侧发展不平衡客观存在，优质旅游共享供给侧系统优化是解决旅游目的地“闲散供给”与“专业化供给”不兼容问题的最佳方案。

（2）旅游共享经济商业模式创新是旅游共享供给侧系统优化的载体，成为破解无效供给、供需错位、供给短板与优质旅游需求多样化之间结性问题的有力抓手。

（3）移动互联网普及与若干网络共享平台出现，使得“主客众包”和“群体协同”成为旅游共享经济商业模式创新的必然选择，并全方位推动优质旅游发展。

四、创新之处

（一）研究视觉创新

采用旅游资源无限的研究新理念，以共享资源和共享信息为维度作为研究视觉，论证共享经济与优质旅游高渗透融合发展的因果关系。

（二）研究基点创新

以优质旅游共享供给侧系统构建为基础，创新性地提出共享经济模式推动优质旅游发展的“主客众包机制”和“群体协同路径”。

（三）研究方法创新

以大数据调查和大数据分析为解决本课题关键性问题的创新性研究方法，即通过互联网平台获取相关大数据，并进行专业分析。

五、应用价值

（一）学术价值

以旅游目的地共享资源和共享信息为维度，依据共享经济产业要素新变化，基于旅游共享经济模式，重塑旅游共享产品体系，构建优质旅游共享供给侧系统，拓展和丰富了新时代旅游学的理论。

（二）实践价值

提出共享经济模式推动优质旅游发展的“主客众包机制”和“群体协同路径”，为旅游目的地解决优质旅游发展的关键问题即增加有效供给和提高供给水平提供思路与借鉴，同时为同类地区实施全域旅游发展战略提供启示与示范。

（三）社会价值

本课题预期成果的应用，关键的社会效益在于不仅扩大社区居民参与旅游服务的范围和提高当地居民收入，而且唤醒全民创业意识、激发全民创业潜能。

旅游产业用地政策效果跟踪研究

——乡村旅游用地政策效果跟踪研究

项目主持人：华侨城集团有限公司　王刚

项目批准号：18TACG009

资助金额：3 万元

起止日期：2018 年 4 月—2019 年 4 月

一、研究背景

随着美丽乡村与全域旅游的推进，我国乡村旅游呈现出蓬勃发展的态势，但快速增长的乡村旅游用地需求与紧缺的建设用地指标之间的矛盾也日渐突出，乡村旅游利用农村土地也存在诸多问题。2015 年国土资源部联合住房和城乡建设部、国家旅游局印发了《关于支持旅游业发展用地政策的意见》，为旅游发展提供了土地保障和服务监管的政策支持，其中乡村旅游用地政策是旅游新业态用地政策保障中的核心内容。政策出台后，部分乡村旅游用地问题得到了解决，但很多问题仍然存在，产生这一结果的原因，除与政策本身有关外，还与政策的实施、政策实施的保障、政策的实施效果不及预期等因素有关。具体乡村旅游项目能否充分对接政策，能否切实推进政策的实施，是决定政策能否达到预期效果的关键所在，也直接决定了乡村旅游用地问题是否能够有效解决，因此探究乡村旅游用地政策的实施过程、探索影响政策实施的因素，对于政策的制定与调整、乡村旅游土地利用与政策落实问题的解决具有十分重要的意义。

二、研究方法

（一）扎根理论研究范式

本课题采用定性研究方法，利用扎根理论研究范式，经理论回顾、理论抽样、数据收集、编码分析的系统操作程序，对中廖村乡村旅游土地政策实施的效果及影响因素进行探究。以NVivo11.0软件作为扎根分析的辅助工具，通过“开放式编码”“主轴式编码”和“选择式编码”对调研所得访谈文本进行概念化、范畴化，提取副范畴、主范畴、核心范畴，并最终构建乡村旅游用地政策实施影响因素模型。

（二）半结构访谈法

本研究采用访谈法中的半结构化访谈方法，结合现有研究以及本文的研究问题，设计半结构化访谈框架，对当地居民、村干部和相关企业进行深度访谈调查，整理形成研究的基础资料，为政策效果及影响因素分析提供数据。

（三）文献研究法

本报告使用CNKI中国期刊全文数据库进行广泛的文献搜索与阅读，并查阅了包括政府文件、宣传资料、网站信息以及新闻报道等相关内容。通过对资料的大量阅读，了解国内外关于旅游土地政策研究的相关理论和实践。另外，通过对政府文件及统计数据、新闻报道等相关资料的阅读，充分了解我国乡村旅游用地相关概念、乡村旅游利用农村土地的方式及问题、土地政策以及旅游产业用地政策的发展与演变过程。

（四）观察法

课题组多次对海南省三亚市中廖村进行驻村实地调研，通过实地观察、拍照记录以及访谈等方式，对案例村落的村落景观、民风村貌、村民生活形态、旅游发展形态等进行调查，为扎根研究提供充分的背景和内容储备，同时保证了研究结果的客观性。

三、研究内容及结论

本文《关于支持旅游业发展用地政策的意见》中的三条乡村旅游用地政策作为研究对象，即“农村集体经济组织可以依法使用建设用地自办或以土地使用权入股、联

营等方式与其他单位和个人共同举办住宿、餐饮、停车场等旅游接待服务企业”，“城镇和乡村居民可以利用自有住宅或者其他条件依法从事旅游经营”，“农村集体经济组织以外的单位和个人，可依法通过承包经营流转的方式，使用农民集体所有的农用地、未利用地，从事与旅游相关的种植业、林业、畜牧业和渔业生产”。以海南三亚中廖村为研究案例地，对上述政策在具体案例的实践过程加以分析和阐述。

课题组通过实地调研和访谈，从微观角度深入分析乡村旅游用地政策的实施过程，借助 NVivo11.0 辅助软件对政策实施过程的影响因素进行编码提炼，并且进一步回到访谈文本中分析各影响因素背后的深层关系，最终构建乡村旅游用地政策实施影响因素模型，对模型中各因素的影响路径加以分析和阐释。在此基础上，总结目前乡村旅游用地政策存在的问题，分析乡村旅游用地政策实施的对策，并给出了乡村旅游用地政策实施中的企业实践指导建议。研究结论如下：

（一）乡村旅游用地政策实施过程中的影响因素及模型阐释

1. 影响因素

政策属性、社会发展差异、村落资源差异、利益相关者需求差异、政策实施保障、旅游企业实践、政策实施效果、社会风险和社会反馈是乡村旅游用地政策实施过程中的九大影响因素，各影响因素分别包含不同维度的内涵（见表 1）。

表 1　乡村旅游用地政策实施过程中的影响因素及其包含维度

影响因素	包含维度	影响因素	包含维度
政策属性	目标合理性	村落资源差异	土地资源差异
	可操作性		旅游资源禀赋
旅游企业实践	战略布局		空余房屋资源
	获取经营空间的方式	政策实施效果	乡村旅游发展影响
	旅游经营提升措施		社会环境影响
政策实施保障	激励力度		社会经济影响
	执行力度		生态环境影响
	支持力度	社会风险	土地占用纠纷
	制度保障		寻租风险
社会发展差异	区位交通		社会公正风险
	村落产业发展	社会反馈	政策实施支持度
	村民外出打工情况		政策宣传力度

续表

影响因素	包含维度	影响因素	包含维度
社会发展差异	村民思想进步程度	社会反馈	政策满意度
	村落民风民俗		政策执行配合度
利益相关者需求差异	村民需求多样		对政策的评价
	企业需求		政策需求程度
	村委需求		公众参与度

2. 模型阐释

上述 9 个因素在影响阶段、影响方式和影响强度上均存在差异，共同构成了乡村旅游用地政策实施的影响因素模型（见图 1）。

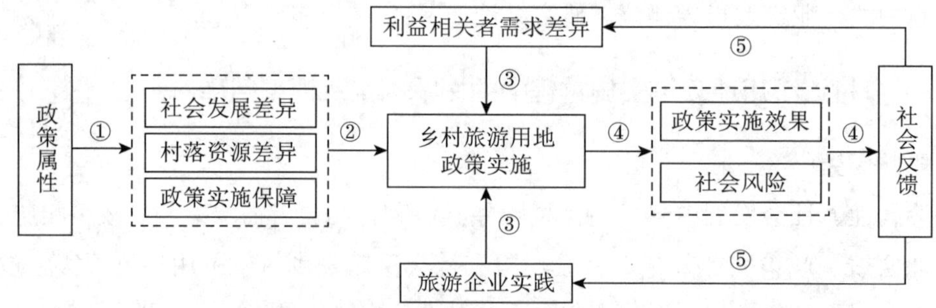

图 1　乡村旅游用地政策实施影响因素模型（图中序号为路径编号）

路径①：政策属性是政策实施的根本性影响因素。政策属性的影响在社会发展差异、村落资源差异、政策实施保障三者的基础上实现。

路径②：社会发展差异、村落资源差异、政策实施保障是政策实施的直接影响因素，除受到政策属性的影响外，也会直接对政策实施产生影响。

路径③：利益相关者需求差异和旅游企业实践是政策实施的直接影响因素，同时也受到社会反馈的影响。

路径④：政策实施产生政策实施效果和社会风险，政策实施效果和社会风险产生社会反馈。

路径⑤：社会反馈反过来影响利益相关者需求差异和旅游企业实践政策的实施，从而对政策实施产生影响。

（二）乡村旅游用地政策存在的问题

乡村旅游用地政策落地性与可操作性欠缺；乡村旅游用地政策的执行力度不足；

与土地利用政策相配套的乡村土地价值评估机制不健全；乡村旅游政策与其他政策或制度的配合与协调不够；国家对政策实施效果与社会反馈关注度不够；相较于多样的土地类型，乡村旅游用地政策覆盖面较小。

（三）乡村旅游用地政策有效实施的对策

（1）建立健全完善的乡村土地价值评估制度和土地增值收益分配机制。乡村土地价值评估机制上，加强对土地价值评估的方法和操作流程的监管，同时规范土地利用管理制度，制定完善的市场交易机制。土地增值收益分配上，内部分配主要是指农民集体内部各农民之间的分配，关键在于集体组织成员权制度的完善；外部分配涉及政府与集体之间、政府收入的再分配问题，关键在于确定分配比例。

（2）完善乡村旅游用地政策及其保障制度。乡村旅游用地政策上，建议通过各种渠道，调查旅游业用地政策相关文件的实施进展，广泛了解各相关主体对于政策的认知和感受，了解各地在乡村旅游用地实践中的创新做法，加强对乡村旅游用地问题的研究，启动对乡村旅游用地政策的系统评估，推动乡村旅游用地政策的细化和实化。保障制度上，明确乡村旅游用地政策实施的原则，如政府主动支持、农村集体与农民充分参与、保护农民集体权益等；完善及保障乡村旅游基础设施配套；制定明确的行业标准和土地用途管制制度；加强对旅游项目的统筹管理等。

（3）完善土地利用规划，强化乡村旅游规划管理。首先完善土地利用规划，优化调整农村土地利用结构与布局，将旅游项目纳入土地利用总体规划，为乡村旅游用地政策实施提供足够的土地保障，充分发挥集体土地的经济价值。其次强化对乡村旅游规划的管理，将乡村旅游规划与土地利用总体规划、村庄规划、土地整治规划等相结合，明确各区可建设的项目类型和要求，避免旅游规划与土地规划脱节的现象产生，进而保障旅游建设项目顺利落地。

（4）明确农村集体和农民在乡村旅游用地政策实施中的主体地位。要积极实施所有权制度改革，明确集体所有权及权属结构，以确保农民集体在乡村旅游土地利用和政策实施过程中的市场主体地位。

（四）乡村旅游用地政策实施中的企业实践指导

（1）乡村土地流转途径：企业可采取两种路径来获取用于乡村旅游开发的土地。途径一：从村集体和村民手中直接租赁土地，为快速高效地实现对村民土地的租赁，土地租赁过程中涉及的与村民进行土地出租相关的洽谈，建议由村委负责，如由队长和本队的村民一一进行洽谈，说服村民同意出租自留土地，并认可土地出租的补偿费用和租金。途径二：与原有土地承包户或者第三方公司（负责统一收集土地，处理与村民和村集体收地的事宜）合作开发，由土地承包户或第三方公司引进投资，负责项目建设，旅游企业作为美丽乡村的运营商，协助立项与运营，最终利润分成作为收益。这种与承包户和外部投资企业合作的模式，也是一种土地利用过程中吸引外部投资的有效方式。

（2）美丽乡村与乡村旅游运营建议：第一，企业在进行美丽乡村项目开发时，建议能够和村集体或合作社进行合作，如与农民合作社共同成立项目公司，或者通过类似村委在项目公司任职的形式。第二，运营美丽乡村和乡村旅游项目时，要进行充分的前期调研，避免项目规划与实施过于仓促。

（3）正确引导村民参与：美丽乡村运营中，企业要重视对村民的引导与管理，可从实际参与度和心理接受度两方面正确引导村民参与。实际参与度方面，村民有自己的参与想法，但需要实现的空间和条件。对于想要参与并且有条件参与到乡村旅游中的村民，可以通过一定方式引导其参与。例如，找有经验的师傅教授村民一些手工艺或者餐饮技巧，鼓励村民参与到旅游经营中，丰富村内的业态。对此，可以通过一个规范流程来引导村民参与，并系统性的提升村内业态。心理接受度方面，村民对旅游发展和运营企业的支持，更重要的是信心和人心。对于不想参与或者没有条件参与的村民，需要从心理上让其理解乡村旅游发展带来的积极影响，使其愿意接受企业对村民旅游的统一运营，能够配合旅游活动的开展。例如，作为旅游吸引物之一的乡村环境，就需要村民共同的维护，即需要村民支持旅游发展，为游客提供一个良好的旅游环境。

四、创新之处

本报告以乡村旅游土地政策的实施过程为研究对象，对典型案例进行实证分析，探索影响乡村旅游政策实施的因素，并构建政策实施影响因素模型，在一定程度上填补了学术界对政策实施过程研究的空白，有助于拓展政策研究的深度，也为乡村旅游土地利用问题解决、乡村旅游土地政策研究提供了新的实证支撑。

相较于学术界普遍采用的量化研究，本课题利用质性研究和扎根理论的研究方法，从微观角度深入探索政策实践过程，能够更加全面地分析政策实施过程中涉及的各项影响要素和各利益相关主体的互动关系，使得归纳总结政策实施的障碍与条件更加高

效，同时也提高了乡村旅游土地利用及政策实施对策分析的有效性。

五、应用价值

本研究在理论方面，一定程度填补了学术界对乡村旅游用地政策实施过程研究的空白，有助于拓展政策研究的深度，也为乡村旅游土地利用问题解决、乡村旅游土地政策研究提供了新的实证支撑。实践方面，通过对政策实施全过程的回顾，查明政策实施各阶段的影响因素，有助于分析政策存在的问题，总结经验并提出补救和改进措施。一方面可以在一定程度上指导企业在乡村旅游土地利用过程中的实践，另一方面把影响因素与改进建议反馈到未来政策的制定与实施中，能够促进和提高新政策决策、制定和管理水平，为政策的制定和调整提供科学依据，并且能够提高政策运行效果，推动政策在地方层面的科学有效落实。

生态正义视角下乡村旅游用地冲突情景模拟及缓解策略研究

项目主持人：华侨大学　王建英

项目批准号：18TABG010
资助金额：3 万元
起止日期：2018 年 4 月—2019 年 4 月

一、研究背景

近年来中央多次出台促进乡村旅游发展的相关政策，2017 年中央一号文件在“壮大新产业新业态，拓展农业产业链价值链”中提出“大力发展乡村休闲旅游产业”。党的十九大报告提出乡村振兴战略，2018 年中央一号文要求按照“产业兴旺、生态宜居、乡风文明、治理有效、生活富裕”加快推进农业农村现代化，并提出实施休闲农业和乡村旅游精品工程，建设一批设施完备、功能多样的休闲观光园区、森林人家、康养基地、乡村民宿、特色小镇。在此政策背景下，大量资源环境优渥、文化底蕴深厚的乡村在国家政策的激励下成为大众旅游消费的新场所（周玲强，2018；席建超等，2016）。随着乡村旅游的持续开发和利用，新产品新业态的兴起，新的用地需求日益旺盛。旅游用地往往具有多种土地利用性质，同时呈现多种用途特征，这与我国农村独特的产权制度、土地用途管制的刚性形成了较大的冲突，主要表现为各利益主体之间对产权和空间资源争夺产生的对立，而社会规范和制度的缺失、社会环境的诱导又加速了这种对立。如规划衔接和管控、用地审批与供地方式、耕地保护与节约集约用地等方面普遍面临冲突。因此，完善旅游用地管理制度，推动土地差别化管理与引导旅游供给结构调整相结合，合理规避和缓解旅游开发中的用地冲突成为国土资源部门

支持旅游业发展的新课题。同时，需要注意的是土地利用冲突和解操作模式与途径的实施具有区域性和阶段性，并且对冲突的和解不仅仅是对冲突结果的关注，而应放在追踪土地利用冲突的过程与动态变化上，并利用科学的方法来缓解冲突的发生，从而实现土地利用的综合协调管理（Adam et al，2015；Valle Junior et al.，2015；Delgado et al.，2015）。

本课题将生态正义理论援引至中国特殊政策背景下的乡村领域，梳理和模拟农用地向乡村旅游用地转变过程中村民、其他物种权益冲突及空间冲突的情景，既丰富乡村旅游空间研究的理论谱系，又将拓展中国乡村振兴研究的思路范式，在实践上既将响应国家对乡村社会的关注，又将克服政策执行所带来的偏差。

二、研究方法

本文采用 CA–Markov 模型模拟未来乡村旅游用地变化情景。Markov 模型是预测事件发生概率的方法，一般用于预测无后效性（non–aftereffect）特征地理事件的运动过程（Fu et al.，2018）。该模型设定下一状态的概率分布仅取决于当前状态，而不取决于先前状态（Mondal et al.，2016）。研究通过 Markov 模型获取土地利用转换初始概率矩阵。

CA 模型是一种在空间上相互作用及在时间上具有因果关系的动态网格动力学模型（Li et al.，2013）。该模型能有效揭示土地利用类型相互转换的作用关系，被广泛应用于模拟城市发展与区域土地利用空间格局演化（Fu et al.，2018；Mondal et al.，2016）。本文使用 3 × 3 的滤波器，即每一个元胞单元受到周边 8 个邻域单元的影响，对研究区旅游用地转换进行预测和模拟。

三、研究内容及结论

土地利用冲突研究是学术界普遍关注的问题，对冲突状态的探索是理解区域土地利用组织、协调与配置的基础，也是破解区域可持续发展过程中土地资源开发秩序混乱、生态环境代价沉重、资源竞争持续恶化等问题的重大科学命题（Campbell et al.，2000；Yu and Lv，2006）。为探索乡村土地利用冲突状态及引导土地利用冲突治理，研究基于生态正义理论和适宜准则构建了土地利用冲突识别与强度诊断经验模型，提出了基于冲突治理的可持续土地利用情景模拟思路。

（一）生态正义理论框架的构建

研究对生态正义理论的起源、理论向度、衍生进行深入分析，以生态正义为理论基础，从乡村旅游种际生态正义、代际生态正义、代内生态正义三个方面来构建乡村旅游用地冲突的情景模拟及其缓解机制概念模型。其中种际正义强调人—地关系之间的正义，土地利用功能的转变是乡村旅游用地人地关系冲突产生以及人与其他物种之间生态不正义的原因。即乡村生态，生活用地向旅游生产建设用地的倾斜会导致乡村旅游开发过程中人地冲突从而产生种际之间的不正义；代际与代内正义强调人—人之间生产的关系正义。研究从利益相关者冲突的角度出发，探讨当地政府、旅游企业、村民和其他物种直接的权益冲突，并对当代人与几代人之间土地利用冲突的类型和功能进行了划定，提出乡村旅游用地冲突的缓解策略。

（二）乡村旅游用地权益冲突认知与影响因素

基于生态正义理论框架，研究采用问卷调查的方式对乡村旅游地各利益主体的权益认知与影响因素进行了调查。问卷调查结果显示，乡村旅游地村民的基本生活水平能够得到保障是影响乡村旅游地权益冲突的主要因子；其次是乡村旅游地村民可以公平地享受更多游憩资源、乡村旅游地村民能够获得土地流转收入和乡村旅游地村民的就业方式更加灵活多样，这四个主成分共同影响着乡村旅游地权益冲突，因此，保障好当地村民的基本生活水平，使得当地居民可以享受更多的游憩资源，可以有更加就业机会增加，能从土地流转中获得收益，能够有效地缓解冲突。

（三）乡村旅游用地空间冲突诊断

基于生态正义理论框架，研究从自然因素、区位因素、社会因素与政策因素分别选取了表征建设用地、农业用地与生态用地适宜性的评价指标，这些指标对土地利用适宜性的影响已经被大量文献所证实（El Baroudy，2016；Fu et al.，2018；Gong et al.，2012a；Kalogirou，2002）。进一步依据经验模型，将冲突强度划分为7个等级，并依据“主导地类+冲突强度”将土地利用冲突区划分为16类。不同类型土地利用冲突区的空间分布、地类构成、表现形式与冲突程度的差异较大，为此需要因地制宜地采取退耕还林、增减挂钩、生态补贴、产业扶持、发展特色农业等治理策略，以权衡土地利用的差异化需求（Liu，2018；Long and Liu，2016）。

（四）乡村旅游用地空间冲突情景模拟与治理策略

按照土地利用冲突的“分布—地类—表现—程度”制定土地利用转换规则，运用CA–Markov 模型模拟分析表明，由于没有采取任何针对性的治理策略，土地利用冲突将进一步加剧，表现为建设用地无序扩张、农业用地被边缘化及生态用地破碎化。相反，由于考虑了生态正义中各利益主体的实际需求，且采取了针对性和差异化的治理策略，土地利用的集聚度得到显著改善，土地利用转变方向更符合可持续发展需要。两种情景的对比分析使我们认识到，依据土地利用冲突的区域性与阶段性制订科学有效的调控方案，以权衡土地利用过程中利益相关者的利益需求，应当成为冲突管理的基本理念（Bircol et al.，2018；Moomen，2017；Saarikoski et al.，2013）。

四、创新之处

（1）引入马克思主义生态正义理论构建乡村旅游用地冲突缓解模型。马克思主义的生态正义理论认为人类需要通过实现物质生产方式的生态化转换来修复人与自然之间的有机关联，统筹兼顾和全面协调各方主体的生态利益关系，使生态利益惠及最广大的人民群众。这为乡村旅游用地开发中的“人—地”“人—人”冲突提供了理论支撑。因此，生态正义理论为本课题提供了独特的研究视角。

（2）提供丰富的数据分析和案例研究。本课题采用问卷调查、实地调查和资料收集等多渠道获得空间数据及案例数据，选取不同发展时期的典型乡村旅游景区（点）进行实证研究，提供丰富的数据和翔实的案例分析，促进理论研究和实证研究的拟合。

五、应用价值

（1）研究基于生态正义的种际正义、代内正义、代际正义三个维度，从土地功能的视角（生产、生活和生态），将乡村旅游用地冲突划分为三大类十小类，并对冲突的具体表现进行理清，为政府部门预防、识别乡村旅游发展中的冲突提供依据。

（2）土地利用多宜性是冲突的根源之一（Wang et al.，2012），研究通过适宜性评价识别乡村旅游用地冲突，并模拟冲突约束下乡村土地利用可持续发展情景，能预测旅游用地冲突演变趋势及其带来的环境效应，为预防和破解乡村旅游发展中土地利用冲突提供理论与方法支撑，为政府部门调控土地利用冲突，进行决策提供理论依据和实践指导。

马拉松赛事旅游供给侧改革的实现路径研究

项目主持人：青岛大学　王克稳
项目批准号：18TACG011
资助金额：3 万元
起止日期：2018 年 4 月—2019 年 4 月

一、研究背景

中国田径协会和果动科技联合编撰的《2018 年中国马拉松大数据分析报告》显示，2018 年规模以上的马拉松相关赛事高达 1581 场，比 2017 年增加了 43.46%，继续呈现出飞速增长的趋势；2018 年全国马拉松相关赛事的参赛人数达到 583 万人次，较 2017 年增长了 17.07%，带动的产值达到 746 亿元，较 2017 年增长了 7%。国家体育总局等 11 部联合印发的《马拉松运动产业发展规划》预计到 2020 年，全国规模以上马拉松赛事场次将达到 1900 场，参赛人数将超过 1000 万人次，产业规模将达到 1200 亿元，“马拉松＋旅游”等产业新形态成为重点发展内容。在赛事供给侧，尽管国家体育总局等部门实施了“放、管、服”的引导措施，但马拉松赛事仍存在着多而不专、大而不精、模仿攀比和定位雷同的乱象，这些供给侧问题严重制约了马拉松赛事对旅游产业的促进作用。因此，如何进行供给侧改革才能更好地促进马拉松赛事旅游的又好又快发展是亟须解决的重要理论和现实问题。但理论研究方面，尽管马拉松赛事旅游已经成为体育旅游和节事旅游中的独立研究领域，且马拉松赛事旅游的研究逐渐从仅关注需求侧——马拉松赛事参赛者的个人特征、旅游态度和行为，转变为同时对供给侧——马拉松赛事供给和马拉松赛事对目的地影响的关注，但作为一个新兴研究领域：（1）马拉松赛事对旅游产业的影响缺乏一致结论，需要进一步探讨马拉松赛事对旅游产业的作用机制；（2）绝大多数研究均关注国外情境，对快速涌现的国内马拉松赛事鲜有涉及；

（3）研究多基于单场马拉松赛事展开，所得结论缺乏普适性。鉴于此，本项目将综合使用中国马拉松赛事的宏观数据和微观数据，深入揭示马拉松赛事对旅游产业的作用机制，进而构建马拉松赛事旅游供给侧改革的实现路径。

二、研究方法

本项目在对马拉松赛事旅游已有研究进行系统梳理的基础上，基于案例研究、数据挖掘、问卷调查和统计数据，收集了马拉松赛事供给侧特征、举办地旅游产业、马拉松赛事游客的态度和行为数据；基于方差分析和回归检验方法，检验了马拉松赛事对举办地旅游产业的影响，比较了不同类型马拉松赛事游客的态度和行为差异；最终构建了马拉松赛事旅游供给侧改革路径。

三、研究内容及结论

本项目围绕马拉松赛事旅游供给侧现状、马拉松赛事对旅游产业的作用机制、马拉松赛事旅游供给侧改革实现路径三方面主要内容展开，得出了以下结论：

马拉松赛事旅游供给侧现状方面：（1）识别了马拉松赛事的供给侧特征。通过典型马拉松赛事的多案例研究，识别了马拉松赛事组织者（主办方、承办方、赞助商）、赛事级别、赛事认证、赛事路线设计、参赛资格要求、专业成绩要求（完赛证明）、赛事专业业余定位、赛事类型（半马、全程、迷你等，景区、城市、海洋等）、赛事奖金数、景区角色、媒体直播等供给侧特征。（2）从马拉松赛事举办动机、赛事定位和景区在马拉松赛事中的作用深入分析了马拉松赛事的供给侧特征。依据识别的供给侧特征，通过中国田径协会网站、跑吧网、爱燃烧和益跑网等第三方信息发布网站和马拉松赛事官方网站，挖掘了 2014—2016 年共 438 场马拉松赛事供给侧特征数据，并在此基础上，从马拉松赛事举办动机、赛事定位和景区在马拉松赛事中的作用三个角度进行了系统深入的分析，研究发现：其一，经济效益、社会效益、城市品牌建设与旅游产业发展是马拉松赛事举办的重要动机。举办地举办马拉松赛事常出于发展举办地经济和旅游产业、建设城市品牌、带动基础设施建设、满足本地居民需求等动机。其二，马拉松赛事定位具有专业竞技和全民娱乐的双重性。一场马拉松赛事既可以体现专业竞技，也可以涉及全民娱乐，且马拉松赛事体现出从专业竞技向专业竞技与全民娱乐相融合转化的趋势。其三，旅游景区在马拉松赛事旅游中扮演的角色日益重要。体现

为：举办马拉松赛事的旅游景区数量逐年增加，举办马拉松赛事的旅游景区所在城市逐年增加，涉及的国家A级景区数量越来越多；旅游景区在马拉松赛事举办中的角色有主办方、承办方和协助方之分，且旅游景区在马拉松赛事举办中的角色逐渐由协助方向主办方和承办方转变。其四，跑步者团体在马拉松赛事旅游中扮演的角色具有“旅游者”和“旅行社”双重性。通过对跑团角色的调研发现，跑步者团体在马拉松赛事旅游中所担当的角色多为“旅游者”，但逐渐向“旅行社”的角色转变。

马拉松赛事对旅游产业的作用机制方面：项目从宏观和微观两个层面系统分析和检验了马拉松赛事对旅游产业的影响。宏观层面，结合马拉松赛事挖掘数据和举办地宏观数据：（1）检验了马拉松赛事吸引力的影响因素。研究发现，马拉松赛事的专业程度对赛事吸引力有正向影响，景区内的马拉松赛事吸引力较小，举办地发展水平对马拉松赛事吸引力的影响并不显著。（2）检验了马拉松赛事对举办地旅游产业发展指标的影响。基于2014—2016年的马拉松赛事宏观数据和举办地的统计数据，分别使用举办地GDP总量代表经济发展水平，使用客运量作为旅游产业发展水平，研究发现未在中国田径协会注册的马拉松赛事促进了举办地的经济发展，而注册马拉松赛事则无显著影响；马拉松赛事对举办地客运量无显著影响，可能的原因在于，客运量并不能全面测量旅游产业发展。结合马拉松赛事吸引力部分田协注册类赛事更具吸引力的结果，可以发现，尽管田协注册类赛事更能吸引参赛者参与比赛，但非注册类赛事对举办地的经济影响更为显著。为进一步检验马拉松赛事对旅游产业的影响，进一步从微观层面进行了系统检验，基于马拉松赛事参赛者的问卷调查：（1）检验了马拉松赛事和举办地形象对参赛者再访意愿的影响。研究不仅发现了马拉松赛事形象对马拉松赛事再访意愿的促进作用和景区形象对景区再访意愿的促进作用，还发现了马拉松赛事形象对景区再访意愿的促进作用和景区形象对马拉松赛事再访意愿的促进作用，马拉松赛事和景区认知形象一致性对马拉松赛事再访意愿的促进作用，以及马拉松赛事满意度和景区满意度的中介作用。（2）检验了马拉松赛事线路设计对参赛者再访意愿的影响。研究发现，马拉松路线设计满意度、马拉松赛事路线沿途的景观的优美程度、马拉松赛事路线对景点的利用程度显著促进了参赛者再访意愿。（3）比较了不同类型马拉松参赛者特征、态度和行为。基于问卷调查和统计分析，识别了社会识别、身心健康、旅游社交、竞争竞技和生活管理5种参赛动机，并据此将参赛者划分为健康追求者、狂热爱好者、旅游社交者、生管理者和跟随者5种类型，且不同类型参赛者的人口统计特征、旅游态度和行为均存在显著差异，但训练和参赛行为不存在差异。（4）检验了马拉松赛事参赛者消费意愿的影响因素。研究发现，参赛者的专业性程度、

参赛动机会影响其消费意愿，参赛者对志愿者服务、路线涉及和赛事举办地风景的满意度也会对其消费意愿产生影响。

基于以上研究结论，马拉松赛事旅游供给侧改革可以从以下几个方面进行：(1）鼓励多元主体的积极参与：构建多元主体参与的价值链、丰富主体参与的多元形式。马拉松赛事组织中，参与主体可以充当主办者、承办者、协办者、赞助商等多种参与形式。因此，除各级政府部门之外，举办地景区、酒店和旅行社等旅游产业主体，以及跑步者团体等均可以在马拉松赛事组织中充分发挥特长。(2）政府管理宏观调控和放权：重视马拉松赛事在旅游产业中的地位，使用马拉松赛事促进全域旅游发展、乡村振兴战略实施和全民健身战略落地；统筹规划马拉松赛事的供给数量和类型，实现大型标志性马拉松赛事作为龙头、中小型马拉松等非传统马拉松赛事作为辅助的可持续马拉松赛事生态；防止出现盲目模仿现象；根据目的选择马拉松赛事类型；积极发挥旅游产业主体等商业主体的能动性，促进马拉松赛事品牌、盈利模式百花齐放。(3）组织者综合优化马拉松赛事供给：通过优化赛事线路设计、创新和拓展赛前营销、赛中管理和赛后活动，促进参赛者对举办地和马拉松赛事的再访意愿。

四、创新之处

本项目的创新之处主要体现为：(1）研究对象创新：已有研究多关注马拉松赛事旅游的需求侧，本项目则以马拉松赛事旅游供给侧改革为研究对象，从微观和宏观两个层面检验供给侧特征对旅游产业的影响。(2）研究方法创新：已有研究多基于单场马拉松赛事的案例研究或问卷调查展开，缺乏普适性，本项目基于案例研究、数据挖掘和问卷调查收集了较为全面的数据，以此所检验的马拉松赛事供给侧特征对旅游产业的影响具有更高的普适性。

五、应用价值

本项目不仅专注于马拉松赛事旅游这一新兴研究领域，通过检验马拉松赛事对举办地旅游产业的作用机制，拓展了马拉松赛事旅游的研究范围和深度，完善了体育旅游和节事旅游的理论框架，还具有重要的应用价值：(1）有助于为各级政府推进马拉松赛事旅游供给侧改革提供参考性政策建议；(2）有助于为旅游产业主体参与赛事组织提供操作性策略建议。

旅游产业大数据技术应用的隐私保护对策研究

项目主持人：宁波大学　郭兵

项目批准号：18TACG012
资助金额：3 万元
起止日期：2018 年 4 月—2019 年 4 月

一、研究背景

随着互联网等信息技术的不断发展，旅游行业逐渐从传统的旅行社—游客线下旅游模式转向用户—平台在线旅游模式。近年来，我国在线旅游产业高速发展，大数据技术应用也越来越受到行业重视。各类在线旅游平台为了实现更加精准的营销以增强用户服务体验，不断通过大数据技术收集挖掘和分析使用旅游者的个人信息。而这种大数据技术应用在为用户提供便利的同时，也使得用户的隐私泄露风险不断增加。如何在大数据时代开发利用个人信息的过程中保护用户隐私、防止个人敏感信息泄露已成为法学新的挑战。在线旅游平台作为一类典型的大数据技术应用与隐私保护矛盾突出的领域，是我们深入剖析大数据时代背景下网络平台透明运行的一个难得的样本。

（一）大数据技术应用领域隐私保护立法的滞后

通过对我国现行法律和行政法规的简单梳理可以发现，我国目前个人信息保护的立法还有待完善，虽然我国涉及网络安全的立法早已启动，但是相关立法相对于信息网络技术的迅猛发展而言还存在着严重的滞后性。旅游产业大数据技术应用背景下隐私保护的相关立法与技术发展更是存在越来越明显的脱节现象。行业自律的弱化以及在线旅游平台信息安全技术的缺陷，在很大程度表明我国在大数据技术背景下隐私保护力度还亟待提升。

（二）在线旅游领域隐私泄露风险的严峻形势

近些年来，全球范围内隐私泄露事件频发；对我国而言，数据泄露事件近年来也是频繁发生，我国网络隐私保护形势同样十分严峻。在 2018 年诸多数据泄露事件中，华住集团旗下连锁酒店用户数据在暗网售卖事件无疑是其中重大的在线旅游平台数据泄露事件。在当前全球隐私泄露事件频发时代大背景下，我国旅游产业大数据技术应用平台隐私保护态势异常严峻，隐私泄露所引发的恶果令人咋舌。

二、研究方法

本项研究抽样选取了50家旅游产业大数据技术应用相关平台作为实证研究的样本，主要包括旅游资源平台、旅游产品组合及分销平台、旅游媒体及营销平台和旅游支持服务等五大类，并在这五大类在线旅游平台的基础上根据其商业模式和针对服务具体细分为十余个细类，基本涵盖了当前与旅游相关的所有在线平台类型。本项研究主要就这 50 家在线平台在隐私保护方面的成熟度展开评估，具体从两个方面来展开：一是对 50 家在线旅游样本平台公开的隐私政策进行收集整理并进行评估分析；二是对 50 家在线平台进行基本的注册、登录、注销、信息删除、查看等操作，逐个体验这些平台的操作流程，发现平台用户在使用过程中可能存在的个人隐私安全问题。通过对 50 家在线旅游平台样本的隐私政策的测评分析，从中发现问题并深入探究其原因，从而对隐私权保护问题做出更具现实意义的研究。当然，本研究在实证调研正式启动之前，也对相关理论成果进行了系统性梳理和总结，以为开展本课题研究奠定理论基础。

三、研究内容及结论

本项研究通过建立测评指标体系对 50 家样本在线旅游平台隐私保护成熟度进行多层次评估分析，总结在线旅游平台隐私保护方面存在的主要问题，包括隐私政策默认选择情况泛滥、安全处置措施或技术说明普遍缺失、隐私政策内容大多不便于用户阅读、未成年人隐私保护力度明显不足、用户“被遗忘权”保障不足等方面。在评估分析的基础上，本项研究深入分析了大数据时代在线旅游平台隐私保护困境产生的原因，探讨了在线旅游平台利益最大化的目的与隐私保护的矛盾与平衡问题，从而在平台运营、行业自律、政府监管、技术创新、用户个人以及未成年人隐私保护等层面提出了一些有针对性的对策建议。

（1）平台运营层面。在线旅游服务企业应尽可能做到隐私政策的合法化、透明化。一方面，在线旅游服平台应遵守相关法律法规，遵循最小权限原则；另一方面，为保证用户对个人信息处理能够有充分的知情权，在线旅游服务企业需要向用户提供清晰明确的隐私政策说明。此外，在线旅游平台在日常运行过程中应努力做到隐私政策的日趋合理化；在线旅游平台还应完善存储信息管理措施，防止出现企业内部的信息泄露现象。

（2）行业自律层面。通过行业协会加强行业自律，促进行业监督，提出隐私保护的统一标准，并启用认证机制。在行业自律方面，至少可以从三个方面加以完善：一是制定行业隐私保护的标准，会员平台必须严格遵守隐私保护标准的规定；二是在行业内部建立起隐私保护的信用体制，对会员平台颁发认证标记；三是加强第三方隐私保护机构的监督和管理，加强行业内部的管理，并参与解决用户隐私争议问题。

（3）政府监管方面。政府监管需要建立在一定的立法基础至少，为此政府监管部门应当进一步推动相关立法的完善。政府的监管主要包括引导行业自律、依法对平台侵权行为进行惩戒、赋予应用平台应尽的审核责任、不断推进和鼓励保护网络隐私权新技术的开发和利用等。一方面，政府监管部门有必要建立隐私泄露举报奖励机制，调动公众参与的积极性，增加违法犯罪成本；另一方面，监管部门还应当不断加大对隐私侵犯行为的惩罚力度。

（4）技术创新层面。在技术层面，除了传统的安全技术外，在线旅游平台的隐私保护技术同样需要提高数据失真技术（帮助保护用户的原始数据）、数据溯源技术（帮助用户缩短辨别信息真伪的时间等）、匿名发布技术（保护大数据信息安全与个人隐私）、角色挖掘技术、身份认证技术（避免黑客盗取个人信息的行为）、存储完整性审计技术等。

（5）用户个人层面。在大数据时代，除了政府部门应当进一步加强公民隐私保护的宣传教育，用户也应当努力提高自身隐私保护意识。通过在线旅游平台接受相关服务的过程中，一方面，用户尤其需要提高个人信息网络技术素质、培养隐私风险防范的意识，另一方面，用户应学会运用法律手段来维护自身隐私权益，当自身隐私权益受到不法侵害时，要勇于“为权利而斗争”。

（6）未成年人保护层面。在线旅游平台在收集、使用或披露未成年人个人信息前应征的监护人同意或授权，监护人有权审阅未成年人的个人资料，可以随时要求平台中止收集行为或删除已收集的信息。在线旅游平台必须按照法律规定的形式和范围收集未成年人个人信息，禁止各平台以任何形式诱使未成年人提供个人信息，并加大违法惩处力度等。

四、创新之处

本项研究的创新主要体现在研究视角和研究对策的具象化。目前学界主要是从宏观层面来审视个人信息保护的相关法律问题，大多数学者往往是从宏观层面审视网络平台的个人信息保护，而对于在线旅游平台等具体大数据技术应用领域所引发的个人隐私保护问题尚缺乏具体有针对性的学理研究，还未有将在线旅游平台等具体领域的实证研究与理论分析相结合的研究报告发布。我国当下针对旅游大数据技术应用下的个人隐私保护无论是理论研究还是制度建设都尚处于初级阶段：不仅学界对此关注度明显不足，相关的制度实践也未见周到安排。本项研究立足于国家大数据战略深入推进的新时代背景，结合我国既有的个人信息或隐私保护的宏观研究成果，以在线旅游平台这一具体领域为实证调研分析对象，总结分析更为具象化的隐私保护困境成因，提炼更具针对性的隐私保护对策方案，从而促进在线旅游平台这一具体领域大数据技术应用隐私保护的进一步发展完善。

五、应用价值

本项研究立足于我国在线旅游的现实性考量，以平衡大数据时代旅游者个人信息利用与保护为中心，对健全完善在线旅游隐私保护制度、促进在线旅游的产业发展、防范旅游者隐私泄露风险等方面具有重要的应用价值：

（1）为相关部门的立法和执法提供一定的制度经验参考。目前《网络安全法》和相关法律法规尚不够细化，本项研究通过对在线旅游平台隐私保护的评估分析为健全完善相关立法提供了制度症结点，也为加强在线旅游平台的执法监管提示了重点方向。

（2）为在线旅游产业的持续健康发展指明了合规方向。通过对在线旅游平台隐私保护状况的评估，明确了当前在线旅游产业隐私保护方面的突出问题：一方面，通过评测过程展现相关平台存在的具体违法违规问题；另一方面，通过测评结果排名可以倒逼相关企业修正平台的不规范做法。

（3）为在线旅游平台的用户提高权利意识提供了指引。本项研究可以进一步提示在线旅游平台用户在注册使用过程中应当更加留意平台的隐私政策，如果平台存在明显侵犯隐私等违法违规情况，应及时向相关部门投诉反映，必要时停止使用相关在线旅游平台，以保障自身合法权益。

外国人入境旅游市场研究

——客源市场收敛假说的视角

项目主持人：中山大学　罗浩

项目批准号：18TACG013

资助金额：3 万元

起止日期：2018 年 4 月—2019 年 4 月

一、研究背景

近年来相对于中国出境旅游和国内旅游的蓬勃发展，入境旅游业的发展不尽如人意，因此，合理、有效地识别、规划和开拓中国的入境旅游客源市场、重振入境旅游业成为我国当前旅游工作的一个重点。在经济学中基于时间序列的收敛理论的启发下，Narayan 在 2006 年首次提出入境旅游客源市场收敛假说，对该假说的检验已成为近年来旅游经济学的一个重要前沿领域，而这种检验有助于科学、严谨地识别有开拓潜力的入境旅游客源市场、识别客源市场推广政策的有效性，因此能为我国入境旅游市场研究提供新视角，为重振我国入境旅游业提供重要的政策启示。而在本课题之前，国内尚没有人开展此项研究，国际上也还没有人对中国进行研究。

二、研究方法

本报告梳理了收敛理论的发展脉络和旅游客源市场收敛假说的研究文献，完善了时间序列分析角度下的收敛概念理论框架，并首次对中国入境旅游客源市场的收敛性进行检验。本报告采用 2006 年 1 月至 2016 年 12 月来自韩国、日本、美国、俄罗斯、

蒙古、马来西亚、菲律宾、新加坡、印度、泰国、加拿大、澳大利亚、印度尼西亚、德国、英国和法国共 16 个主要外国客源国的月度时间序列数据，主要采用以下方法进行实证分析：

首先，综合运用面板单位根检验和面板协整检验，对中国主要客源市场总体的绝对收敛和条件收敛（又分为确定性收敛和随机收敛）进行检验；其次，运用单变量单位根检验和单变量协整检验，区分强式随机收敛和弱式随机收敛，探究每个主要客源市场个体的收敛情况，从而得到不同市场的入境旅游开发现状及潜力；最后，分别按照地理因素和经济因素将客源市场划分为不同的俱乐部，检验俱乐部内部的总体收敛性和个体收敛性。

三、研究内容及结论

（一）主要内容

1. 基于时间序列的收敛理论和方法梳理

将 20 世纪 90 年代中期该领域产生以来至今出现的不同收敛概念和方法进行总结，理顺他们的逻辑关系和各自适用性，构建了一个基于时间序列的收敛概念框架和方法体系，使得本项目的入境旅游客源市场收敛工作可以建立在经济学最新前沿的基础之上。

2. 入境旅游市场的描述性统计比较

搜集 16 个主要客源市场来华旅游人数月度时间序列数据；对样本数据进行基于加法模型的季节调整；对时间序列数据进行取自然对数处理，以消除异方差和量纲的影响；绘制各客源市场的时间序列图，并进行描述性分析和比较。

3. 入境旅游市场的总体收敛检验

总体收敛是指每一个客源市场的入境旅游人数与全部客源市场入境旅游人数均值的对数差分序列都满足收敛。采用面板单位根检验和面板协整检验，分别检验总体层面的绝对收敛（或共同趋势）假设、条件收敛（包括确定性收敛和随机性收敛）假设。总体收敛检验的结果可资判断当前入境旅游市场开发推广政策的总体有效性。

4. 入境旅游市场的个体收敛检验

某一客源市场个体收敛是指该市场与全部客源市场总体的入境旅游人数差异减小或呈长期平稳状态，因此，对个体层面的收敛主要检验其是否存在随机收敛。采用单变量单位根检验是否存在强随机收敛，并采用单变量协整检验是否存在弱随机收敛。个体收敛检验的结果可资判断哪些市场可作为入境旅游市场开发政策的潜在重点。

5. 入境旅游市场的俱乐部收敛检验

俱乐部收敛实际上是在俱乐部层面的个体收敛和总体收敛，其检验结果可以作为差异化、定制性市场推广政策的依据。根据地理距离把客源市场分为亚洲和非亚洲国家两个俱乐部，根据经济发展程度将客源市场分为发达和发展中国家两个俱乐部。

6. 对入境旅游市场开发的政策研究

确定中国是否过度依赖某些入境市场，抑或呈现入境市场收敛或共同趋势；

确定哪些入境市场相对于共同趋势而言开发不足，从而具有更大的开发潜力；

推荐合适的差异化、定制性的入境旅游产品开发和客源市场营销推广策略。

（二）主要结论

1. 外国人入境旅游客源市场存在共同趋势和条件收敛

对中国 16 个主要的入境客源国组成的总体市场不存在绝对收敛，但存在共同趋势和条件收敛（包括确定性收敛和随机收敛）。这意味着中国的入境旅游客源市场这个系统是稳定的，在短期受到冲击之后，能够自行在长期回到均衡状态。虽然目前日本、韩国、俄罗斯、美国 4 个传统客源大国在我国入境旅游的人口贡献份额占主导地位，但我国已步入摆脱对其过度依赖的初始阶段。这对于中国的入境旅游行业是一个好的信号，说明我国的入境旅游发展正在趋于成熟和多样化。

2. 日本、俄罗斯和英国市场未能得到充分开发

对每个主要客源国市场进行个体收敛的检验结果表明，满足强式随机收敛的客源市场包括韩国、美国、蒙古、菲律宾、新加坡、泰国、加拿大和法国 8 个国家，占总数的一半，意味着这些国家是我国较为成熟的客源市场。而满足弱式随机收敛的市场有马来西亚、印度、澳大利亚、印度尼西亚和德国 5 个国家，满足收敛的国家总占比超过 80%，为大多数。既不满足强收敛也不满足弱收敛的国家为日本、俄罗斯和英国，意味着这三个市场的来华旅游未能跟上总体市场的发展趋势，换句话说，这三个市场的入境旅游潜力尚未完全开发，具有较大的发展空间。

3. 外国人入境旅游客源市场存在俱乐部收敛

按照地理因素和经济因素划分的俱乐部总体层面均存在收敛，其中，亚洲俱乐部和非亚洲俱乐部满足随机收敛，而发达俱乐部和发展中俱乐部存在确定性收敛和随机收敛，也即是说，发达俱乐部和发展中俱乐部收敛性强于亚洲俱乐部和非亚洲俱乐部。

此外，经济因素和地理因素划分的俱乐部中符合收敛的国家均占多数，其中，经济因素划分的俱乐部中多于地理因素划分的俱乐部，从而经济水平相近的国家趋于收敛比地理接近的国家更明显。

俱乐部收敛的检验结果意味着，按照地理或经济因素进行差异化营销都会是有效的，其中，按照经济因素进行差异化营销将更为有效。

四、创新之处

其一，首次在我国入境旅游研究中引入客源市场收敛假说，为该领域增添了坚实的经济学理论基础和严密的计量经济学方法。

其二，相对于国际上的入境旅游市场收敛研究，本课题采用了更前沿的收敛理论和方法，并梳理出一个基于时间序列的收敛概念体系。

其三，入境客源市场收敛假说具有很强的政策含义，使本课题相对国内现有的入境旅游研究而言，有可能带来更为丰富的应用前景。

五、应用价值

本项目的研究结果对中国入境旅游客源市场的识别和开拓具有以下政策启示：

（一）外国人入境旅游推广政策总体上较为有效

韩国、美国、蒙古、菲律宾、新加坡、加拿大、泰国和法国这 8 个国家是中国入境旅游发展的“强收敛力量”，可能是我国针对入境旅游总体市场的政策对这些国家是有吸引力和效果的，也可能是针对这几个国家开展的市场营销政策是有效的，或者两种情形都有可能。由于满足收敛假说的国家大占多数，因此，研究期间我国的入境旅游推广政策整体而言是有效的，可以继续推进和细化。

（二）重点开发俄罗斯、英国和日本这三个潜力市场

俄罗斯、英国和日本不满足个体收敛，意味着这三个客源市场的入境旅游潜力尚未得到充分挖掘。对于日本市场，我国旅游部门可以顺应两国政治关系改善的趋势，积极扮演中日友好的“大使”角色，加强与日本旅游业界的联系，针对日本民众加强宣传推广活动。对于俄罗斯市场，可以顺应俄方旅游业界的积极性，主动对接其对中

国的推广需求，与其深入合作开展在俄联合营销活动。针对英国市场，一方面，需加强传播中国环境改善的信息，扭转英国人对中国污染问题的担忧；另一方面，顺应英国人的主要信息传播渠道，在宣传媒介上积极利用海外社交媒体。

（三）加强俱乐部差异化营销，尤其是按照经济因素分组

可以针对经济因素和地理因素区分不同的俱乐部，采取差异化、定制性的营销推广策略，特别是针对发达国家和发展中国家迫切需要采取不同的策略。此外，也可以进行 2×2 的俱乐部划分，即划分为亚洲发达国家、亚洲发展中国家、非亚洲发达国家和非亚洲发展中国家，分别规划设计有针对性的四种营销政策套餐。

本项目的最终成果可以提交给文化和旅游部、各省市文化和旅游厅以及从事入境旅游业务的各大涉外旅游企业，作为入境旅游开发和推广政策的参考依据，有望为重振我国入境旅游业贡献绵薄之力。

政府引导型旅游产业基金的运作机制及规范管理研究

项目主持人：中国旅游研究院　胡抚生
项目批准号：18TABG014
资助金额：3 万元
起止日期：2018 年 4 月—2019 年 4 月

一、研究背景

大众旅游、全域旅游时代的到来，政府引导型旅游产业基金的发展受到广泛关注。从我国政府引导型旅游产业基金的实践来看，设立引导型旅游产业基金旨在解决地方旅游产业发展资金短缺的问题，通过政府引导型产业基金的运作以及投资引导，充分发挥财政“四两拨千斤”的杠杆作用，吸引更多的社会资金投入旅游产业发展。政府引导型旅游产业基金通常是省、市、县政府发起，以财政性资金和社会资本共同设立的产业投资基金，往往会有明确的重点投资领域和投资方向，对地方旅游产业投资可以发挥积极的引导作用，也起到政府信用背书的作用。因此，政府引导型旅游产业基金既能够满足地方政府对旅游产业发展的引导作用，也能让更多的社会资本参与到旅游发展中，可以实现共赢。而目前针对政府引导型旅游产业基金的研究匮乏，对于政府引导型旅游产业发展的运作机制及规范管理尚缺乏系统的理论研究，难以指导旅游产业基金实践的发展。

因此，在科学探索的基础上，对政府引导型旅游产业基金的研究显得十分必要。本研究在对现有相关研究梳理的基础上，分析政府引导型旅游产业基金的发展现状和典型模式，剖析政府引导旅游产业基金的运作机制，构建政府引导型旅游产业基金的规范评价指标体系，分析评价案例基金的规范管理情况，并提出相应的对策建议。从理论上，为政府引导型旅游产业基金科学运作、规范管理提供有效的理论支撑，丰富相关理论研究的内容、方法和体系。从实践上推动政府引导型旅游产业基金的规范化运作，以更好地促进旅游创业创新的发展。

二、研究方法

本研究的主要研究方法有：文献研究、定性分析、实地访谈、案例分析、定量研究等。

文献研究。主要是对于政府引导基金、产业基金的相关理论和研究的文献梳理和理论框架构建，梳理以往的研究进展，主要论点以及研究的不足之处，以为本研究提供扎实的理论基础和新的切入点，确定本研究的框架体系。

定性分析。从理论上对于政府引导型旅游产业基金的现状、发展模式以及运作机制进行分析和论证，并提出促进政府引导型旅游产业基金可持续发展的对策建议。

实地访谈。通过对中国旅游产业基金以及北京、陕西、浙江、广东、四川、湖南等省市的地方政府、旅游产业基金公司及管理机构、旅游企业等进行深入调研，收集省市县政府引导型旅游产业基金发展情况、影响因素、发展“瓶颈”、政策诉求等第一手资料。

案例分析。通过对部分政府引导型旅游产业基金的典型案例分析，总结政府引导型旅游产业基金的发展特征、经验和典型模式，分析我国政府引导型旅游产业基金需要重点解决的问题以及未来的趋势。通过对韩国、日本、美国等国家的旅游基金案例分析，为我国政府引导型旅游产业基金的发展提供可借鉴的国际经验和模式。

定量分析。通过德尔菲法、层次分析法构建政府引导型旅游产业基金规范管理的评价指标体系，并调研收集北京、陕西、浙江等省级政府引导型旅游产业基金数据，分析得出代表性案例的旅游产业基金规范管理评价结果，为政府引导型旅游产业基金的规范管理提供论据支撑。

三、研究内容及结论

本研究分析政府引导型旅游产业基金的发展现状、典型模式及运作机制，构建政府引导型旅游产业基金发展的评价体指标体系，并对研究案例进行评价分析，最终提

出促进政府引导型旅游产业基金规范管理的对策建议，主要内容和结论如下：

（1）我国已经形成了省、市、县三级政府引导型旅游产业基金，发展基本面向好，呈现出兴旺发达的局面。其中，省级政府引政府引导型旅游产业基金发展迅速，而市县一级政府引导型旅游产业基金多处于起步阶段。政府引导型旅游产业基金是全域旅游发展的新动能，是旅游业高质量发展的必然要求。

（2）政府引导型旅游产业基金的典型模式主要包括组织模式和投资模式。从组织模式上来看，政府引导型旅游产业基金主要采取的是有限合伙形式，而公司制、契约制的政府引导型旅游产业基金目前尚未出现。从投资模式来看，政府引导型旅游产业基金主要有股权和债权两大类，股权类模式下又包括直接投资类和母子基金类两种类型的旅游产业基金。因此，在投资模式上，政府引导型旅游产业基金主要有三种形式。直接投资的旅游产业基金通常是以基金到位资金为依托，可以针对旅游项目进行直接投资。母子基金类的旅游产业基金是先设立母基金，母基金再下设若干个子基金，母基金不直接对外投资，而是由子基金进行对外投资，基金的规模和杠杆效应更大。债权类的旅游产业基金主要是以债权形式为地方旅游业发展提供支持，常见的是类似于银行贷款的信贷形式，但贷款期限短，金额少，重点在于扶持有发展潜力的中小旅游企业。

（3）政府引导型旅游产业基金的运作机制包括发起设立、投资运作、风险控制、收益分配和退出机制等方面，由于多数地方采取的是股权类旅游产业基金，其运作机制相对成熟，而债权类旅游产业基金相对较少，其运作机制尚在逐步完善中。股权类旅游产业基金与债权类旅游产业基金在投资形式、收益分配、风险防控、存续期限、终止和退出等方面存在较大的区别。

（4）由于政府引导型旅游产业基金普遍成立时间不长，还存在一些瓶颈，包括政府和市场权责划分不清晰、缺乏有效的规范和引导、对产业的引导功能还不强、专业化的基金管理人才队伍还不健全、产业基金的配套政策还不完善、投资受限制、信息披露机制不健全等，需要在未来发展中逐步破解。

（5）结合国家对政府引导型旅游产业基金发展的规范要求以及运行实践，本研究构建了政府引导型旅游产业基金规范管理评估指标体系，主要由 5 个一级指标，15 个二级指标，30 个三级指标构成。一级指标主要包括出资和设立规范、日常运作规范、风险控制规范、终止和退出规范、政府监管规范 5 个指标，前 4 个指标反映的是政府引导型旅游产业基金自身需要遵守的规范评价，分别从政府引导型旅游产业基金从成立到运行再到退出等各个阶段的发展规范评价，政府监管规范则重点从政府对旅游产业基金规范监管的视角进行综合评价。

（6）本研究三只有代表性的政府引导型旅游产业基金为研究对象，通过定量评估方法，分析旅游产业基金的规范管理情况，从总体评价来看，两只政府引导型旅游产业基金的规范管理程度较高，另一只政府引导型旅游产业基金的规范管理程度一般，三只基金在日常运行规范、政府监管规范方面均有提升的空间。

（7）未来，可以从加强政府层面的顶层设计、规范发起设立、规范投资运作、规范风险控制和退出、规范政府监管、培养专业化的人才以及完善配套政策支持等方面着手，以更好地推动政府引导型旅游产业基金的健康、可持续发展。

四、创新之处

（1）以产业金融理论、旅游创新理论为支撑，结合旅游业发展规律，探索研究政府引导型旅游产业基金运作机理和规范管理，既拓展和丰富产业基金理论，也拓展政府引导型旅游产业基金的研究视角和应用空间。

（2）建立政府引导型旅游产业基金的规范管理评价体系，拓展旅游产业基金研究的方法和体系，形成更为科学的评价分析框架。

（3）提出规范管理政府引导型旅游产业基金的对策建议，丰富该领域的研究内容，具有较强的可操作性与现实意义。

五、应用价值

（1）为进一步规范政府引导型旅游产业基金的运作，促进旅游产业基金创新发展提供了科学的实践指导。政府引导型旅游产业基金在我国起步较晚，很多地方虽然成立了基金，但对于如何运作，如何规范管理还缺乏实践经验，这使得政府引导型旅游产业基金的发展从一开始就面临着较多困难。本研究在梳理总结政府引导型旅游产业基金发展现状的基础上，找到政府引导型旅游产业基金实践运行中的痛点、难点，既为政府引导型旅游产业基金发展指明发展方向，同时为规范政府引导旅游产业基金的发展提供科学、可行的路径，以更好地推动政府引导型旅游产业基金的健康、可持续发展。

（2）为进一步优化旅游产业的金融资源配置提供决策参考依据。尽管旅游业发展近年来受到广泛的关注，成为投资的热点领域，每年有上万亿元的投资涌入旅游业。

但相对于当前我国如火如荼的全域旅游发展形势和庞大市场需求而言，现有的资金仍然难以满足旅游业高速发展的需要，并且地方旅游业发展还面临投资结构性问题，大型项目受到追捧，而适合大众旅游者需求的经济型旅游产品投资还不足，旅游供需结构性矛盾较为突出。通过政府引导型旅游产业基金的科学引导和规范运作，有助于推动财政和金融的相互配合，推动金融资源的合理配置，让资金更多、更好地流向旅游业发展更加迫切的领域，更好地满足地方和社会资本的需求，进而实现发展的双赢。

“一带一路”背景下穆斯林入境旅游者接待体系研究

项目主持人：中山大学　熊佳

项目批准号：18TABG015

资助金额：3 万元

起止日期：2018 年 4 月—2019 年 4 月

一、研究背景

基于不断增长的人口、需求和购买力，穆斯林旅游者成为世界旅游市场上的新兴力量，成了全球争相吸引的重要客源市场。随着“一带一路”战略的不断发展深化，穆斯林旅游者具有极大潜力成为我国入境旅游的最大增长点。然而，我国各地发展穆斯林旅游的意识薄弱，相关产业基础也薄弱，普遍缺乏接待穆斯林旅游者的设施与服务。并且，国内的非穆斯林对穆斯林了解甚少，在交往中易造成误会和矛盾。

以穆斯林旅游者为导向的旅游在国际上被称为清真旅游（Halal tourism），其相关研究仍然处于起步阶段，以二手资料的描述性研究和基于伊斯兰国家的实证研究为主。也就是说，之前国外学者的研究成果在我国的本土化应用价值值得质疑。而国内学者尚未深入地关注穆斯林旅游者的诉求与想法，也没有给予具体的、具有中国立场的回应。

基于这样的现实和理论背景，本研究设立了以下三个研究目的：

（一）穆斯林入境旅游者来华旅游动机

采用推—拉理论，了解在穆斯林旅游者来华旅游的动机中，除了具有普世意义的

常规动机之外，是否存在宗教因素。

（二）穆斯林入境旅游者来华旅游期望

从食、住、行、游、娱、购、厕等方面，全面了解穆斯林旅游者来华旅游期望。

（三）穆斯林旅游者接待体系建构

根据穆斯林入境旅游者来华旅游期望，以及我国的宗教政策，归纳总结一套穆斯林旅游者接待体系。

因此，本研究的意义在于，丰富了清真旅游在非伊斯兰国家的实证研究，为建立穆斯林旅游者接待体系提供理论依据。

二、研究方法

2018 年 7 月到 9 月，问卷主要收集于马来西亚和土耳其，样本包括了马来西亚、印度尼西亚、土耳其、阿塞拜疆、伊拉克、沙特阿拉伯、阿富汗等共 12 个国家的东南亚地区和中东地区的穆斯林友人。此外，一小部分问卷在 2018 年 7 月发放于张家界、2019 年 1 月于义乌。受访者有的是已经来过中国的旅游者，有的是尚未来过中国的潜在旅游者。总共发放问卷 350 份，回收有效问卷 303 份，有效回收率为 86.6%。通过探索性因子分析对穆斯林入境旅游者的来华旅游推拉动机进行分析。

2018 年 7 月在张家界针对 18 位来自世界各地的穆斯林旅游者进行了深度访谈。由于样本量有限，并且为了涉及不同宗教性的样本，最终包括了 4 位国内穆斯林旅游者。访谈进行了 25 分钟到 3 小时。使用主题分析法对收集到的信息进行了总结。此外，作者读博时的马来西亚导师和同学来广州参会，作者全程陪同、一同食宿出行，采用了观察法进行调研。

2018 年 7 月在张家界针对 14 位当地旅游从业者进行了深度访谈。访谈进行了 35 分钟到 4 小时。其次，聚焦于穆斯林旅游者最在意的清真饮食、对清真餐厅的从业者进行了深度访谈。案例地包括广州小北（2018 年 6 月）、张家界（2018 年 7 月）、义乌（2019 年 1 月）、南京（2018 年 1 月），也融入了作者获得本项目之前在陕西袁家村（2017 年 11 月）的调研。使用主题分析法对收集到的信息进行了总结。

三、研究内容及结论

（1）探索穆斯林入境旅游者来华旅游动机，包括其推力动机和拉力动机。通过问卷调查，本研究发现，穆斯林入境旅游者来华旅游的推力动机包括4个维度——宗教崇拜、放松和知识、声望以及工作，拉力动机包括3个维度——穆斯林友好设施、进入性和丰富性以及旅游吸引物。从因子均值来看，排在第二位的推力和拉力动机分别是宗教崇拜和穆斯林友好设施。通过对推拉力指标的重要性分析，“拜访自然、文化、历史景观”“感受不一样的国家”“开阔视野、增长知识”“欣赏真主创造的天地万物”“表达对真主的爱与尊重”是国际穆斯林旅游者来华的主要推力动机。“旅游目的地展现自然、文化、历史之美”“旅游目的地提供原真的清真食品”“旅游目的地的进入性很高”“旅游目的地有很多的游览景点”以及“旅游目的地的当地居民对穆斯林保持友好的态度”是国际穆斯林旅游者来华的主要拉力动机。可以看出，宗教对于穆斯林旅游者的出游有着较为强烈的影响。

（2）研究穆斯林入境旅游者来华旅游期望。通过深度访谈和观察，本研究发现，伊斯兰世界内的旅游仍然是穆斯林旅游者的首要选择，包括去麦加的朝圣之旅，以及受宗教动机或食宿便利的推动而出游其他伊斯兰国家和地区。同时，越来越多的穆斯林走出舒适圈，走到伊斯兰以外的世界去旅行。当然，他们偏好能够提供穆斯林友好的旅游产品、服务和活动的旅游目的地。穆斯林旅游者来华的旅游期望既包括一般需求，又包括与伊斯兰教法息息相关的宗教需求。其中，清真饮食和穆斯林友好卫生间被视为“必须要有的元素”。而祷告设施，如酒店房间内麦加朝向的箭头、交通枢纽的祷告室，可以为穆斯林旅游者“增加体验价值”。此外，穆斯林旅游者希望能够买到具有中国文化符号又符合伊斯兰教法的旅游纪念品，遇见更多掌握英语沟通技能的服务员和本地居民。

（3）建构穆斯林旅游者接待体系。通过深度访谈，本研究发现，尽管也存在伊斯兰恐惧症，总体来说，我国旅游从业者对发展穆斯林友好旅游持积极态度。发展穆斯林友好旅游，作为尊重伊斯兰教的一种方式，可以促进民族团结和国家形象。受经济利益和市场利益的驱动，发展穆斯林友好旅游可以丰富业态，调整和优化客源市场结构，对当地经济发展做出贡献。从从业者个人来说，发展穆斯林友好旅游不仅是从事接待业的职责和义务所在，也是拓展生意的途径。因此，与穆斯林旅游者直接打交道的从业者通常训练有素、表现得较为严谨慎重。然而从满足穆斯林旅游者各个旅游要素的需求来看，我国旅游从业者仅仅对于清真饮食的知识和处理较为成熟完善。

总体来说，与出游伊斯兰教国家不同，穆斯林旅游者来华旅游时更加开放、包容、灵活，减少了与宗教有关的需求，尽量做到入乡随俗、客随主便。并且，本研究认为，从供需双方来看，清真旅游（Halal tourism）在伊斯兰国家和非伊斯兰国家是两码事；由于仅能够考虑穆斯林旅游者的部分宗教需求，在我国等非伊斯兰国家应该称为穆斯林友好旅游（Muslim-friendly tourism）。

四、创新之处

（一）研究视角创新

本研究从跨宗教文化的角度，以穆斯林旅游者为核心，丰富了我国入境旅游研究的方向。

（二）研究地区创新

本研究将清真旅游的研究扩展至以我国为例的非伊斯兰国家及地区。结合穆斯林旅游者的诉求，又根据我国的宗教政策，为穆斯林旅游者接待体系提出建议。

（三）研究内容创新

以往的研究简单复述伊斯兰教教法的相关章节如饮食禁忌等，而本研究将落实穆斯林旅游者真实的丰富的需求；从最普通的食、住两方面延伸到食、住、行、游、娱、购、厕等方面。

五、应用价值

在“一带一路”背景下，开拓国际穆斯林旅游市场，扩大与穆斯林友人的旅游交往，有助于优化我国入境旅游客源结构，促进旅游业多样化发展，提升旅游产业国际化水平。本研究探索了穆斯林入境旅游者来华的推—拉旅游动机，以及在旅游六要素（食、住、行、游、娱、购）和如厕等多方面的需求，有助于解决我国在面对多元文化国际旅游者时所存在的问题，提升我国在入境旅游发展中与宗教文化相对接的能力；为创造穆斯林友好环境、与穆斯林旅游者打好交道提供理论依据。把国际穆斯林旅游者的声音传递给国内学界业界，也把我国清真旅游的发展带给世界听众。

基于一、二手调研资料，如图 1 总结了对建构穆斯林旅游者接待体系提出的建议。

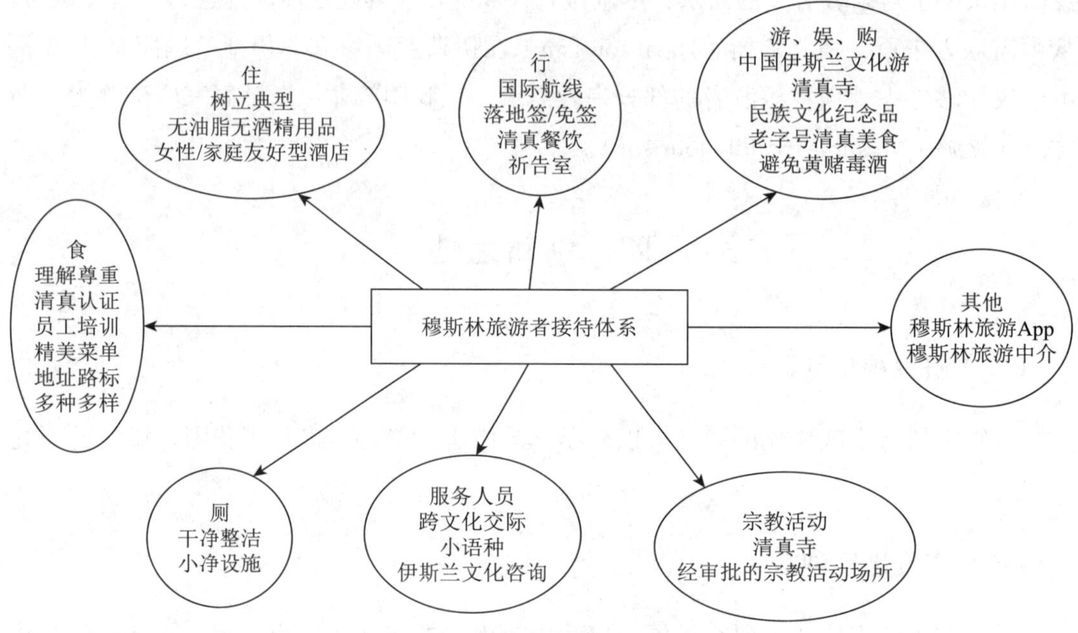

图 1　穆斯林旅游者接待体系

食：旅游从业者必须清晰认识穆斯林的饮食禁忌。清真餐厅应当通过清真原材料、清真认证、用餐环境、穆斯林法人 / 员工、经过培训的非穆斯林员工来保证食物的绝对清真。通过提供清真化的当地特色美食、中国传统穆斯林美食以及国际著名的穆斯林美食菜系丰富穆斯林旅游者的饮食体验。在交通枢纽、商业街、景区内开设清真餐厅，并做好宣传和引导，提升清真饮食的可获得性。

住：根据旅游目的地的国际穆斯林游客量，考虑树立一间提供清真早餐、祷告室、小净设施、免油脂免酒精的洗涤用品以及男女分开使用的游泳池的典型接待酒店。一些女性友好型或者家庭友好型酒店可以向穆斯林旅游者进行推广。

行：各级公安厅、口岸部门在严查入境外国人员、保证安全的同时，可以增加主要客源国的国际航班、落实落地签或者免签政策。在国际化城市、交通枢纽城市、穆斯林入境旅游者较多的机场、火车站等集散中心开设祷告室及清真餐厅。飞机、火车上提供清真餐盒的选择。

游、娱、购：利用我国拥有 10 个信仰伊斯兰教的少数民族的优势，以及各地拥有历史悠久的清真寺的优势，发展中国伊斯兰文化游。我国清真美食的老字号品牌、符合伊斯兰教法的民族文化纪念品、义乌的小商品都可以丰富穆斯林旅游者的购物体验。

接待穆斯林旅游者的旅游团应该避免黄赌毒酒等活动。

厕：旅游目的地的卫生间应该保持干净整洁无异味。根据旅游目的地的国际穆斯林游客量，考虑在交通枢纽、景区内设立穆斯林友好卫生间的典型，提供小净设施。

服务人员：和穆斯林旅游者直接打交道的从业人员，应该了解伊斯兰教、穆斯林友人的生活方式习惯以及如何恰当地提供服务。尽可能掌握英语、阿拉伯语以及印度尼西亚语等小语种，提高沟通效率。旅游目的地组建伊斯兰文化咨询小组对从业人员进行培训。

宗教活动：穆斯林入境旅游者必须在清真寺或者由政府宗教事务部门指定的宗教活动场所或者其他临时地点进行祷告等宗教活动，不得集体任意而为之。

其他：扩大以穆斯林旅游者为导向的旅游 App 和社交媒体的应用。设立专门接待穆斯林旅游者的旅游中介。

消费转型背景下度假型旅游地空间重构

——以三亚海棠湾为例

项目主持人：陕西师范大学　胡宪洋

项目批准号：18TAAG016

资助金额：3 万元

起止日期：2018 年 4 月—2019 年 4 月

一、研究背景

旅游研究发展至今，度假地的发展演化一直是旅游研究的重要内容和主要方向，其既是旅游学术研究贡献于旅游产业的实践意义所在，又是旅游地理贡献于整个人文地理理论体系的理论价值重要面向。在中国，消费导向的旅游产业蓬勃发展，每一步都印刻着时代的烙印。2012 年以前，经济的迅猛发展催生了奢侈性消费的繁荣，众多度假型旅游目的地由此被打造成为“畸形消费”的天堂。而在 2012 年党的十八大推行反腐政策以来，奢侈性消费锐减，整体的国民消费发生了明显的转型，原本发展相对特殊的度假地将会面临历史性的转折。对于这一极富中国特色的现实问题，该以怎样的视角与分析方法进行解读？鉴于马克思主义地理学契合当前全球化、资本与文化的议题，对于资本引致下的目的地空间生产过程具有较强的解释意义，本文在新马克思主义视角下构建了“影响—应对—效果”的分析框架，重点针对以下问题展开研究：消费转型对资本产生了多大影响？资本的应对策略有哪些？资本应对后的空间效果为何？

二、研究方法

在马克思主义地理学文献梳理的基础上搭建分析框架，选择区域发展以高端酒店产业为主的海棠湾为案例地，进行了为期近 50 天的实地调研，先通过倍差法就消费转型对三亚酒店业的经济影响进行测算；然后，以案例研究的方法对消费转型影响下的资本应对进行分析；最后，同样以案例研究的方法对资本应对前后的地理不平衡展开探讨。

三、研究内容及结论

具体研究结论如下：

（一）消费转型对资本产生了影响

从宏观角度来讲，本章分析了《中央政治局关于改进工作作风、密切联系群众的八项规定》与《关于严禁党政机关到风景名胜区开会的通知》两个政策对三亚高端酒店业的影响。其中，前者对三亚高端酒店业的影响，相较于全国代表性五星级酒店，对平均出租率与每间可供出租客房收入均产生显著影响。其中，对每间可供出租客房收入的相对影响表现在第三年，影响程度为 0.167，而第一年与第二年的相对影响并不显著；对平均出租率的影响则从第一年就开始了，第三年依然在持续，但相对影响程度呈逐年递增的趋势，三年影响程度指标值为 0.129、0.170 和 0.191，说明了三亚酒店业在采取的降低价格、加大营销力度等措施下开始复苏。而至于后者的影响，三亚高端酒店业平均房价的影响为 –0.04382，对入住率的影响为 –0.0914，说明消费转型前在三亚召开的党政机关会议占有一定的比重，这一政策对于三亚的高端会议旅游产生了负面影响。该政策对其他指标并没有产生显著影响。

（二）资本以时空修复的方式对消费转型做出应对

将时空修复理论针对中国情境与旅游情境进行了理论的本土化修正，指出时空修复在注重经济维度的前提下，更应重视非经济维度。在此基础上，得到如下结论：（1）空间修复中，资本主要采取地理扩张与空间重组的方式进行，地理扩张体现在海棠湾内部资本之间的大鱼吃小鱼、资本的地域外流以及滨水腹地和山前地带的资本拓展；空间重组体现在企业之间的合作、对基础设施的强烈要求以及营销尺度的跃迁。

（2）时间修复中，旅游情境下初级循环与二级循环是共通的，因此应对策略主要表现在资本从二级循环与三级循环两个方面做出的应对，二级循环体现在酒店与地产项目整体进度明显放缓，几个区域发展标杆性企业进度较快；三级循环则体现在资本开始向医疗、卫生、教育与培训等领域转移，其实质是政府给予土地配套的巨大利益。其中，资本向三级循环的流动是受二级循环裹挟的，即房地产领域依然是地方发展与资本投资的关键所在。（3）对于资本而言，消费转型下获取利益的基本途径有两条，要么迎合顾客需求转变，从消费者方面获利润，要么做地方发展标杆，从政府部门谋利益。（4）国企、民企与外企在应对消费转型的过程中呈现了一定的差异性，其中，国企对消费转型的影响不敏感，抢占资源的动机较强，空间修复中更多地表现为资本的扩张，时间修复中表现为二级循环迅速圈地；而民企与外企则相对较为敏感，空间修复中较多采用空间重组，时间修复方面在二级循环中缓建与观望的较多。

文章还从时空修复的非经济维度进行了分析，指出中国情境之下，政府企业化与土地制度是时空修复得以按照政府的意愿行事的关键，也是时间修复中资本的三级循环受二级循环裹挟、空间修复中部分资本反常发展与扩张的原因所在。同时，旅游资源的垄断性则给予地方政府极大的话语权与经济利益。而政府在资本应对的过程中，主要通过尺度上推的方法，构建了资本空间运行的合法性，包括在意识形态上将阶层利益扩大为整体利益、在政策法规上将地方尺度向国家尺度的等价转换、在城市愿景上提升多产业融合发展的必要性；同时采用尺度下移的方式落实了具体的引导与支持策略，包括以绩效优先将区域发展简单化为旅游与酒店增长、以向下和向外赋权让利的方式支持与服务资本的空间运行。

（三）资本应对后地理的不平衡发展形式发生了转变

先对消费转型下地理不平衡发展的分析视角与维度选取进行了界定，指出对地理不平衡发展的探讨需要从资本的应对以及政府对资本的反应综合来看，并需要从地理景观与社会关系视角入手。

四、创新之处

本章通过实证指出，消费转型之前，地理景观的差异是尖锐的与突兀的：一面是如火如荼的沿海一线高星级酒店与房地产项目的建设，大手笔大投资；另一面是农民被征地后房屋与基础设施的微小改善。消费转型之后，地理景观是均匀的与平滑的：

一面是沿海一线、滨水腹地与山前地带的共同建设，房地产的粗具规模；一面是风情小镇的建设即将完工，部分居民乔迁新喜。从社会关系来看，消费转型之前，社会关系是单一的，没有阶层差异的，普通村民社会并无复杂的社会结构，而消费转型之后，社会是割裂的，存在明显区隔的社会结构，中产及以上阶级的购房者涌入催生了社会结构的差异，但消费转型延缓或减弱了这种差异，同时村域内部由于把握旅游时机与就业意识的差异导致乡村精英的出现，乡村内部出现社会阶层的分异。

可以归纳为，消费转型前形式（地理景观）上的尖锐下是内容（社会关系）的单一，而消费转型后则是形式（地理景观）上的均匀与平衡却掩盖着内容（社会关系）的区隔与分异。文章同时指出，消费转型后资本与政府的应对策略确实对地理景观的改变产生了影响，但相对于宏观既定成分影响相对较小。而对于社会关系的转变，消费转型的影响则不容小觑，其对内外群体的社会结构分异起到了减缓的作用，而对内部的阶层区隔则起到了促进作用。

五、应用价值

本研究的主要贡献体现在如下 3 个方面：第一，达成了时空修复理论的中国化修正。以往时空修复的研究过分关注经济维度，而本文在中国语境下重点探讨了非经济维度，从而完成了“理论新维度的提出”。此外，文章有效地证明了空间修复与时间修复并非相对，而是同时进行且互相融合推进的，纳入同样的视角进行分析更有利于对叙事的理解。第二，揭示了中国情境与旅游情境下资本运行的机制。借助改进的时空修复理论，通过对“影响—应对—效果”的过程分析，在充分分析中国国情与旅游情境的基础上，揭示了中国度假地资本空间运行的机理，以及资本积累特殊的演化路径，属于对“特殊现象的合理解释”，拓展了马克思主义地理学理论边界。第三，厘清了新马克思主义地理学若干概念之间的理论关联。文章归纳出几个地理学概念之间的理论关联，指出资本以时空修复的方式所进行的消费转型应对过程伴随了政府的尺度重组过程，同时关联分析了两个概念与地域重构的联系，以及三个概念与地理不平衡发展的逻辑关系，从而达成了“对尚未有人涉猎的关系或过程的探讨”。

基于大数据分析的旅游公共服务获得感研究

——以长三角城市群为例

项目主持人：上海商学院　裘亦书
项目批准号：18TABG017
资助金额：3 万元
起止日期：2018 年 4 月—2019 年 4 月

一、研究背景

中国旅游开启品质时代，2015—2017 年，全域旅游规划和示范创建基本完成第一轮，旅游公共服务体系持续服务创新、系统升级。国家旅游局先后出台《中国旅游公共服务“十二五”专项规划》《关于进一步做好旅游公共服务工作的意见》《“十三五”全国旅游公共服务规划》等政策文件，指导和推进全国旅游公共服务体系建设，要求全面构建与大众旅游新时代相匹配的结构完善、高效普惠、集约共享、便利可及、全域覆盖、标准规范的旅游公共服务体系。未来供给侧改革将继续，以更高质量、更加绿色的产品和服务供给来满足人民群众的美好生活需求。

习近平总书记在党的十九大报告中，14 次提到“美好生活”，强调要使人民获得感、幸福感、安全感更加充实、更有保障、更可持续。学术界对“获得感”的研究还是一个比较新的课题。旅游公共服务获得感，说到底是游客对旅游公共服务资源的获取、占有、感知情况，在某种程度上反映游客对旅游公共服务和受益的认同情况。“获得”影响“获得感”，获得感带有一定的主观性，不完全是旅游公共服务供给的客观反映。长三角城市群 26 个城市作为我国最具经济活力、最具开放程度、最具创新能力的区域之一，也是“一带一路”和长江经济带战略最重要的交会点。研究旅游公共服务

获得感，对于长三角旅游一体化发展具有重要的在理论和现实意义。

二、研究方法

本文以信息学相关理论、旅游空间相关理论为基础，遵从“问题的提出—研究框架—模型的构建—特征分析—优化建议”的研究主线，采集长三角城市群 26 个城市 2018 年电子地图、POI、网络点评大数据，运用利用网络爬虫技术、词云分析技术、ArcGIS 软件、SPSS 软件等工具，运用统计分析法、核密度分析、熵值法、综合评价法、空间聚类相关算法、探索性空间数据分析等方法开展定性和定量研究，从充足性、普惠性、满意率 3 个方面对旅游公共服务获得感建模和综合评价，并提出优化建议。

三、研究内容及结论

（一）研究内容

（1）绪论、研究综述和相关理论基础。绪论部分介绍研究背景、研究的理论与现实意义、研究内容与研究目标、研究思路与技术路线、国内外旅游公共服务研究综述与相关理论等。通过梳理国内旅游公共服务的相关研究文献，对旅游公共服务内涵、旅游公共务供给及旅游公共服务体系等研究内容进行综述。并在此基础上，提出基于大数据分析的对旅游公共服务获得感研究的科学问题。

（2）旅游公共服务获得感研究模型及研究数据。从充足性、普惠性、满意率 3 个方面，构建旅游公共服务获得感概念模型，并介绍熵值法、综合评分法等，为后面的实证研究提供模型基础和方法支持。网络大数据和大数据方法是旅游公共服务获得感研究数据基础，也是研究要解决的关键问题之一。根据初步研究确定网络大数据的来源。基于 OpenStreetMap、百度地图，通过在线地图协议采集、获取相关基础地理数据、行政区划、公共交通数据、相关旅游公共服务设施数据等，整理形成长三角城市群基础电子地图数据；基于大众点评网站，通过网络爬虫技术采集、获取相关景点、游客点评等数据。再通过数据整理、处理、清洗，数据挖掘等整合、建立长三角城市群旅游公共服务数据库。

（3）长三角城市群旅游公共服务体系建设现状分析及获得感实例研究。本章主要基于旅游公共服务体系建设的内容，通过地理空间统计的方法，研究旅游信息咨询服务体系、旅游交通便捷服务体系、旅游惠民便民服务体系和旅游安全保障体系建设现状结构特征和空间分布特征，探究旅游公共服务供给现状。基于建立的旅游公共服务获得感研究模型，从充足性、普惠性、满意率三个方面对旅游公共服务获得感进行定性和定量的综合评价，并运用探索性空间数据分析进行空间特征分析。

（4）长三角城市群旅游公共服务体系优化研究。从三个方面提出长三角城市群旅游公共服务体系优化建议，预期为今后旅游公共服务的研究和实践提供新思路，实现旅游公共服务的提升。

（5）结论与展望。结论包括：①长三角城市群 26 个城市的旅游公共服务体系建设不均衡。②长三角城市群旅游公共服务获得感还有较大的提升空间。长三角城市群 26 个城市获得感综合评价简单均值只有 0.4561，只有最大值的 53% 左右。旅游公共服务评价最高的是满意率 0.4851，其次是普惠性 0.4763，而最小的市充足性 0.4048。③长三角城市群旅游公共服务获得感空间差异显著，具有显著的正向的空间自相关性，城市群感评价具有集聚态势。高值空间集聚的热点区集中在东部地区、沿海地区，城市之间空间关联性强；低值簇集中在西部内陆地区，城市间关联性较弱。

（二）研究结论

本文的实证研究可以得到如下的启示和建议：第一，长三角旅游公共服务体系建设和整体水平的提升，未来做好长三角一体化旅游发展规划，要充分认识城市间旅游公共服务水平的空间差异特征，加大西部内陆各城市旅游公共服务体系建设的政府支持力度，重视城市间的协同作用。第二，旅游公关服务是关乎广大人民群众最现实、最直接的利益问题，是影响民众“获得感”的最主要因素。要以“以人民为中心”做好需求分析，完善旅游公共服务供给建设，弥补短板，提升耦合和协调作用，提升民众“获得感”。第三，提升长三角城市群旅游公共服务获得感，既要增加旅游公共服务体系建设，更要注重缩小城市之间、城市不同区域之间、不同受众之间不充足、不均衡的差距，依据数据分析、数据决策，实施更精准的政策举措，提升信息咨询服务、交通便捷、便民惠民、安全保障等服务，从而提高民众“满意度”“获得感”。

四、创新之处

（一）初步构建了旅游公共服务获得感概念模型和评价方法

基于网络大数据进行数据处理，整理形成有关旅游信息咨询服务体系、交通便捷服务体系、便民惠民服务体系、安全保障服务体系的旅游公共服务数据库，构建了旅游公共服务获得感概念模型。该模型基于“获得感”内涵梳理，运用统计分析法、空间分析法，从充足性、普惠性、满意率3个方面进行分析，研究旅游公共服务获得感量化评价。

（二）基于网络大数据在旅游地理学中的研究、验证

本课题利用网络爬虫技术，抓取旅游大数据，运用于旅游地理学的分析、研究，能够改善传统研究中的数据样本有限、结构单一的不足。研究表明，通过抓取的网络大数据，进行核密度分析、探索性空间数据分析，能够解释研究对象的结构特征，空间分布特征。

五、应用价值

旅游公共服务贯穿于旅游活动的始终，是旅游活动顺利进行的内在需求，随着全域旅游的提出与发展，我国将步入景点旅游之后的新阶段，建立健全旅游公共服务体系，对旅游业的总体运行效率、产业素质、关联带动作用、与第一二三产业的融合发展、防范应对各类突发事件的能力、吸纳就业能力、节能环保等战略性支柱产业的核心要素均有促进。

（一）获得感引领下从供给到需求视角的转变

从需求侧的视角讨论可量测的旅游公共服务获得感。政府从供给侧提供的旅游公共服务建设为提升民众旅游公共服务获得感提供环境基础。从需求侧的视角，民众对旅游公共服务切身感受通过获得感能够量测。课题拟通过大数据技术将量化“获得感”变成可能，以期为旅游公共服务规划、建设、优化提供新思路。

（二）跨区域协调发展的创新样板

长三角城市群成为长三角区域协作创新的新高地，集聚大量服务业态的休闲旅游目的地。课题研究的旅游公共服务内容，对区域全域旅游发展建设更有现实意义，对全国其他地区相关发展也具有样板作用。

（三）大数据技术对旅游产业研究

旅游公共服务是社会公共服务的重要内容，由于其指标的多样性，目前尚没有较好的量化评价测度方法，本课题利用旅游大数据爬虫技术可以更客观地进行指标体系建设和量化评测。多种算法也为结构化和非结构化数据的评测提供可能。

基于遥感手段的旅游产业用地政策效果快速跟踪监督方法研究

项目主持人：南京信息工程大学　罗开盛

项目批准号：18TAAG018

资助金额：3 万元

起止日期：2018 年 4 月—2019 年 4 月

一、研究背景

我国是一个旅游大国，如何充分、合理地利用有限的旅游土地资源是关系到旅游业可持续发展的首要问题。近几年来，各级政府均出台了一系列的旅游产业用地的政策文件规范和保障旅游产业用地，同时也强调政策效果的跟踪监督。然而这些文件中很少提到具体的操作性措施。尽管工作人员知道政策效果跟踪监督的重要性，但是由于没有详细可操作的具体流程和方法，使得旅游产业用地政策效果的跟踪监督工作难以落实。这些政策最后到底执行得如何，都不能实时准确地掌握。因此，研发准确、实时、快速跟踪监测旅游产业用地政策效果的具体操作方法显得尤为重要。传统的实际调查和统计可以获得对应的结果，但耗时耗力，还可能出现人为的失真。而遥感具有大面积同步观测、经济性和实效性等优势，能够提供更为客观、详细、准确、高效和实时更新的动态信息，已经成为各类土地利用监管的“千里眼”和“顺风耳”，近几十年来获得了广泛的应用。因此，尝试利用遥感手段对旅游产业用地政策效果进行快速跟踪，探索基于高分卫星影像的快速跟踪监督的切实可行的流程和方法、可以准确、实时、快速掌握旅游产业用地政策的实施效果，为政策效果的跟踪监督提供有力的技术支撑，有助于旅游产业用地政策的贯彻执行。

二、研究方法

本项目主要采用面向对象技术进行相关的研究。面向对象影像分析技术（简称面向对象技术）基于具有物理意义的分类单元——对象，即具有同质性相邻像元的集合，它对基于像元的信息提取方法进行了根本性的革新。面向对象技术的对象是具有物理意义的图斑，携带了地物的光谱、形状、空间、纹理、空间结构等各种信息。而这些信息在面向对象技术的土地利用信息提取过程中能够充分利用。这在很大程度上能够克服基于像元中因仅仅利用光谱特征而引起的“同物异谱”和“异物同谱”现象所带来的负面效应，提高土地利用的提取精度。研究结果表明面向对象技术的土地利用信息提取的精度要比传统基于像元的高。目前的趋势是面向对象技术正在替代传统基于像元的方法，逐渐成为新的标准方法。

本研究基于野外采样点，利用误差矩阵方法进行旅游产业用地提取结果的精度评估。评估指标包括生产者精度和用户精度。基于 Google Earth 软件平台中的历史影像数据，利用混淆矩阵方法评估 2015—2018 年旅游产业用地动态变化检测结果精度。

三、研究内容及结论

（一）利用遥感手段可以识别旅游产业用地

首先在对各种地类进行野外采样，然后比较旅游产业用地对应样点对象和其他地类样点光谱、纹理、形状、拓扑、上下文关系、空间等特征值的差异，从而辨识有效提取旅游产业用地的指标，构建提取指标库。进而通过人机互动及专家知识确定有效提取旅游产业用地的指标阈值范围和规则集。

利用 2018 年 GF-1 影像为数据源，辅之以从美国地质调查局网站下载的 DEM 高程图、在 ERDAS 中利用 DEM 生成的坡度图和坡度等辅助信息，在 ERDAS 软件中影 GF-1 像进行几何校正和大气校正后，在 e-Cognition 软件平台中进行旅游产业用地信息的提取。利用区域合并算法对遥感数据进行多尺度分割，根据提取目标的结构和特征综合运用整体分割和局部分割模式，从而获得分类的基元——对象。利用野外采样点和面向对象特征函数构建不同土地覆被提取指标库，充分利用地物的光谱、纹理、形状、拓扑、上下文关系、空间等特征；利用知识和思维构建人机互动的规则集。本研究采集了 698 个野外采样点，基于混淆矩阵对分类结果的用户精度、制图精度和总

体精度进行评估，根据精度反馈信息修改分类结果，从而保证 2018 年旅游产业用地提取的高精度。

研究结果表明:（1）GF-1 夏季影像 4 个图层（红波段、绿波段、蓝波段和近红外波段）方差的平均值（VI-Summer）是识别旅游用地的有效指标;（2）旅游用地提取的制图精度和用户精度分别为 83.33% 和 73.53%，表明基于 GF-1 卫星影像和面向对象技术能够对旅游用地进行有效的识别和监测;（3）南京市的旅游用地总面积为 137.34 平方千米;（4）在空间分布上，旅游用地与其他土地利用类型相间分布，主要集中长江以南地区，尤其是鼓楼区、雨花台区、建邺区、玄武区和秦淮区为中心的主城区及其附近，而长江以北（江北）地区相对稀疏。本研究结果可为快速有效地监管旅游用地提供技术支撑，同时也有助于充分发挥 GF-1 卫星对资源环境监测的作用。这表明利用遥感手段识别旅游产业用地是完全可行的。

（二）探索出了旅游产业用地的变化检测方法

本研究以 2018 年的 GF-1 影像为基准期，2015 年 GF-1 影像为变化期，利用面向对象技术的向量相似度函数进行变化检测，获得变化区域。本项目通过对不同时期的对象特征差异来获得变化区域。研究表明向量相似度函数的阈值为 0.70 左右，能够很好地区分变化区和非变化区域。

获得变化区域后，利用面向对象技术的最邻近分类器对变化区域进行自动分类，为每个变化区域的对象寻找最邻近的采样点。2015 年变化区土地利用分类结果与 2018 年南京市旅游产业用地提取结果叠加，就可以获得南京市 2015—2018 年旅游产业用地的变化状况以及与其他土地利用类型（耕地、草地、建设用地、林地、水域、未利用土地）的转化状况。

2015—2018 年间，南京市旅游产业用地变化了 46.75 平方千米，而 97% 为其他土地利用类型转化为旅游产业用地（45.18 平方千米），这表明南京市旅游产业用地在迅速地扩展，占用大量的其他土地。其中，旅游产业用地增加的面积中，有 48.70%（22.00 平方千米）来自于耕地，其次是来自林地（7.37 平方千米）、水域（5.67 平方千米）、未利用土地（4.28 平方千米）、草地（3.98 平方千米）和建设用地（1.87 平方千米）。

（三）探索出了利用遥感手段对旅游产业用地政策效果进行快速监督的可操作方法

获得南京市 2015—2018 年旅游产业用地变化情况以及与其他土地利用类型的转化

情况后，对照南京市近年来出台的旅游产业用地相关管理政策，进而可以确定政策执行状况，实现旅游产业用地的有效监督。研究结果表明南京市旅游产业用地政策并没有得到有效的实施。这和本研究野外考察结果是一致的。因此，以上整个过程就是遥感手段对旅游产业用地政策效果进行快速监督的可操作方法，基于遥感手段的旅游产业用地政策的快速跟踪监督切实可行。

四、创新之处

（1）旅游产业用地政策效果跟踪监督目前缺乏具体的操作方法，传统调查方法耗时耗力且容易出现人为的失真，急需新的技术和方法。本课题首次利用遥感手段对旅游产业用地政策效果进行快速跟踪监督，是一种新范式的尝试，也是遥感卫星影像和遥感技术应用领域的新拓展。

（2）本课题首次探索出基于 GF-1 卫星影像和面向对象影像技术的旅游产业用地政策效果快速跟踪监督的遥感方案，推进了旅游产业用地政策效果监督的自动化、信息化和智能化进程，为旅游产业用地政策效果评估提供了新的方法。

五、应用价值

研究结果将为进一步研究教育用地相关问题提供空间基础数据，为准确、实时、快速掌握教育用地信息及动态变化监测提供新的思路和技术支撑。基于以上结果和结论，提出的政策建议如下：

（1）既然基于遥感手段的旅游产业用地政策效果跟踪监督方法可行，那么相关管理部门应该将遥感技术运用于旅游产业用地的管理监督业务中，切实有效地实时监督旅游产业用地政策的执行效果。遥感属于新兴信息技术，旅游管理部门首先需要构建对应的运行平台，为基于遥感手段的旅游产业用地政策效果跟踪监督提供保障；其次需要引进熟练掌握遥感技术应用的专门人才；最后，形成长效的运行监测机制也是十分必要的。

（2）研究结果表明南京市范围内的旅游产业用地的执行效果并不理想，很多政策文件并没有得到切实落实。而这其中的一个重要原因是没有实时掌握旅游产业用地的动态变化，进而无法采取对应的监管措施。相关部门在以后的管理中应该更多应用遥感等高新技术，实时掌握旅游产业用地的变化状态，利用科技增强旅游产业用地政策

的执行状况。

（3）研究表明旅游产业用地正在迅速地扩张。旅游景区的发展需要占用一定的土地，但并不能粗放式地以增加用地面积为进一步发展的手段。景区的发展需要综合考虑区域土地利用配置状况、景区区位、游客来源等各种条件，同时应该不断提高景点质量，从而吸引更多的游客。因此，旅游景点的发展需要走集约土地利用的方式，而不是粗放型的土地利用模式，以提高土地利用效率。

（4）研究表明旅游景区对周边的耕地侵占比较严重。耕地是农民赖以生存的基本资源和条件，它涉及国家的粮食安全以及社会的稳定。而郊区农业也是城市农产品供应的重要基地。相关部门需要执行国家的“基本农田”政策，对于良田要实行最严格的保护措施，防止旅游景区对耕地的大量侵占。

渭北旱塬地区休闲旅游类乡村绿色基础设施布局模式研究

项目主持人：长安大学　侯全华

项目批准号：18TABG019

资助金额：3 万元

起止日期：2018 年 4 月—2019 年 4 月

一、研究背景

目前，渭北旱塬地区休闲旅游类乡村旅游出现跨越式的发展，从 2007 年至 2018 年，乡村旅游人数年均增长 29.7%，乡村收入年均增长 29.5%。当地休闲旅游类乡村迅猛发展得益于当地优越的乡村旅游条件：其一，该片区普遍位于大城市郊区，交通条件优良，城乡联系紧密；其二，当地历史积淀雄厚，乡土文化厚重，沿旱塬带分布大量古墓与历史遗存；其三，旱塬地区地形复杂，地文景观类型丰富；其四，当地农业条件欠佳，村民普遍贫困，开展乡村旅游意愿强烈。然而，开展乡村休闲旅游建设面临诸多难题。在宏观层面，乡村的生态与地理环境脆弱，乡村旅游的景观质量不佳；地质灾害频发，潜在的灾害威胁乡村旅游的开展；矿产资源丰富，无序开采恶化了乡村旅游环境。在微观层面，目前开展的乡村休闲旅游已经带来当地乡村农地荒芜、自然环境恶化、区域环境污染、生态景观破坏等问题；乡村生态承载力不足以至难以应对过量的乡村旅游需求。由于乡村生态环境直接决定乡村休闲旅游环境质量，需要全面解决当地乡村景观与生态环境的问题。绿色基础设施（GI）是针对区域环境修复的重要手段，它涵盖面广，具有较强的兼容性、较为丰富的技术与方法，并能兼具区域的生态修复以及乡村社会、经济、环境综合效益，其合理布局是解决上述生态环境问

题的关键。

二、研究方法

本研究划分渭北旱塬地区为北侧黄土台塬区（小流域尺度）与南侧渭北平原区，并因地制宜提出 GI 布局方法，本研究主要方法如下：

（一）小流域尺度区域乡村 GI 生态廊道构建方法

在黄土台塬区的三水河流域，首先，在对流域生态环境本底分析的基础上，结合生态敏感性和生态系统服务两个方面进行对流域乡村生态空间综合分析，结合国家《生态红线划定技术指南》划定区域生态红线，初步确定乡村旅游潜力。其次，以景观生态学“源—汇”理论为指导，运用最小累积阻力模型初步确定廊道网络布局，并基于休闲旅游视角的网络分析法选取最佳方案。最后，划分区域的山体、道路、河流三类生态廊道，补充网络“踏脚石”节点，协同乡村 GI 建设，完善区域生态空间与廊道。

（二）小流域尺度区域乡村旅游潜力与旅游线路选取方法

在黄土台塬区，基于小流域区域生态红线划定下适宜发展乡村的结果与区域 GI 生态廊道“踏脚石”节点选择结果，并协同区域旅游资源与地域文化，采用网络分析法确定区域适宜发展休闲旅游的乡村以及对应的游憩廊道和旅游线路。最终在区域形成两条游览线路，重点建设休闲旅游类乡村 20 个。

（三）渭北平原地区乡村 GI 布局及绿道选线方法

在渭北平原地区，本研究基于景观生态学理论方法，分析区域敏感性与干扰因子。确定区域乡村 GI 系统廊道的位置、走向、等级及潜力，采用垂直生态过程叠加法确定乡村 GI 系统斑块节点的位置、等级及潜力。划分区域 GI 斑块—廊道—基质，构建区域游憩网络。基于斑块与廊道共同构建区域级与城乡级 GI 游憩网络，在重点地区基于“生产、生活、生态”视角，考虑网络中三级 GI 廊道的可达性与连接对象，构建区域游憩网络。并采用空间句法分析评价，选择适宜的旅游线路作为区域绿道开展建设。

（四）基于人口时空间行为的乡村旅游潜力与旅游线路选取方法

在渭北平原的秦汉新城地区，创新性地采用手机信令数据分析乡村人口属性与活动特征并进行乡村空间分类研究指导区域乡村旅游发展。构建“人口属性—活动特征—旅游潜力”的分析框架。首先，对人口属性进行分析，确定区域人口停留目的、人口分布与年龄构成。其次，从乡村人口活动行为的周期特征分析入手，通过整体活动、时空分布与空间活动三大特征五类指标来分析乡村人口活动特征。最后，将具有相同活动特征的空间进行聚类分析，将秦汉新城乡村分类并分析活动曲线与空间特征。通过对分类结果的分析研判，判断区域适宜发展休闲旅游的乡村，提出休闲旅游建议。最终分析得出区域休闲旅游乡村分为商业型、城郊型、景郊型三类，得到 17 个潜在优势乡村，结合区域 GI 廊道最终确定两条城乡绿道游览线路。

三、研究内容及结论

（一）研究内容

本研究以渭北旱塬地区为研究范围，基于 GI 与休闲旅游乡村作用关系，划分研究范围为渭北黄土台塬、平原两大特征区域，并贯通“乡村区域环境协同—休闲旅游潜力评价—绿色基础设施布局”三大研究板块。前者基于生态水文过程，划定生态红线与空间，基于生态空间管控，开展乡村旅游开发与 GI 布局。后者协同区域城乡建设，构建区域 GI 游憩网络、协同区域游憩节点、统筹城乡发展。并最终都落实到乡村层面的 GI 布局与休闲旅游化建设策略。由于研究区域范围较大，特征复杂。本研究的实证在渭北黄土台塬区以小流域为研究尺度，选取旬邑县三水河流域的休闲旅游类乡村为实证代表。在渭北平原区以整个平原区域为研究尺度，选取秦汉新城的休闲旅游类乡村为实证代表。

（二）研究结果

在渭北黄土台塬区的三水河流域，区域构建基于山体、河流、道路生态廊道组成的 GI 网络，乡村发展建设协同生态网络，流域内 155 个行政村中的 94 个村适宜发展建设，其中 20 个村适宜开展休闲旅游建设，基于区域旅游产品与生态廊道形成两条休闲旅游游览线路。在渭北平原区，区域构建 GI 生态斑块 80 个，GI 生态廊道 45 条，初

步形成 3 条区域级别绿道游线；在实证的秦汉新城地区，基于手机信令数据的城郊居民的时空间行为分析，区域休闲旅游乡村分为商业型、城郊型、景郊型三类，17 个潜在旅游优势乡村，结合区域 GI 廊道最终确定两条城乡级别绿道游览线路。在具体的乡村层面，本研究提供 GI 网络构建方法并分基质、廊道、斑块、设施系统对乡村 GI 总体布局并提出休闲旅游化策略。

（三）主要结论

本研究的结论包含研究基础与实证研究两方面。

1. 研究基础

首先，GI 是多功能、多层次、多理论融合的研究平台，并具有双重“连接”属性，即绿色网络的空间连接性与多角度、多层次的理论连接性。GI 在休闲旅游类乡村具有实践适用与理论适用，得出休闲旅游类乡村 GI 理论的形成分为零散元素—有限连接—全面连接—突破创新—第二次全面连接五个阶段。其次，本文通过分析梳理 GI 在休闲旅游类乡村生态环境在建设内容、空间层级、构成要素三个方面的对应关系，明确了乡村 GI 布局对此类乡村生态环境建设与优化具有较好的指导作用，相较于传统的乡村旅游规划及绿地系统规划，对乡村 GI 布局建设具有更好的区域生态适应性、城乡统筹协调性，休闲旅游兼容性，指标量化针对性的特征。

2. 实证研究

第一，自然敏感度高乡村需优先基于生态承载力制定 GI 规划。对于类似纸坊村这类自然敏感度较高的乡村，生态承载力低，其 GI 规划应当循序渐进，逐步淘汰落后产业，以织补绿色机理为主，休闲开发为辅，基于承载力的基础上确定服务设施容量。

第二，特色鲜明的乡村 GI 规划需优先整体风貌，适当兼顾细节。对于类似于秦汉新城的陈阡村、道王村这类历史建筑丰富，地域特色突出的乡村，其 GI 规划需要以重视整体环境风貌为主，适当兼顾细节。生态环境建设与休闲旅游开发不能喧宾夺主，保留与凸显秦汉特色与原汁原味的传统风貌。

第三，GI 廊道系统与休闲旅游线路相关度高。通过秦汉新城绿道布局的实证发现，GI 廊道系统的功能与等级划分与休闲旅游线路的相关度较高，一方面，两者在功能与服务设施上可以协同建设。另一方面，GI 廊道绿地可以结合乡村慢行系统设置，宜在内部成环，在外部与区域的绿道、游道等相连，并且避免与主要的、人流量大的休闲旅游线路发生冲突。

第四，GI 设施系统更适宜聚集度高的乡村。在实际案例应用中发现，对于居民点较为聚集的村庄，无论是生态无公害处理，灰色基础设施改造，还是雨水收集系统的建设，往往居民聚集度越高的地方，GI 绿色生态技术的优势越明显，单位投入成本取得的生态效果越好。

四、创新之处

（一）基于小流域尺度的乡村 GI 与区域环境协同的尺度创新

本次研究的旬邑三水河流域尺度，从范围尺度上，以小流域作为乡村区域层级的 GI 的研究对象打破了传统行政边界的限制，使整个研究范围能够作为一个完整的生态系统，能够更加科学地研究其中各类生态要素的特征及关系。从范围界定上，旬邑三水河流域与旬邑县行政范围具有一定的契合度，因此在乡村 GI 布局时能够与县域总体规划等相结合，因此对于“多规合一”“生态红线划定”的研究具有较好的借鉴意义。在具体的 GI 生态廊道与休闲旅游乡村选择时，同样以生态廊道为基础，增添网络节点，致使乡村每个 GI 层次均是一个完整的系统。

（二）基于多源异构数据的现状调查分析技术创新

对于渭北旱塬地区乡村生态用地及干扰影响因子的调查研究分析中，本研究创新的运用多源于异构数据分析法，结合大数据小数据对复杂多样的特征环境要素与指标进行采集与分析，建立干扰要素与乡村聚落及 GI 综合数据库，其数据类型包括问卷数据、遥感影像数据、手机信令数据、POI 数据及水文地质数据等。特别是在城郊地区首次采用手机信令数据分析人口时空行为，并指导乡村休闲旅游发展及绿道布局。

五、应用价值

本研究梳理渭北旱塬区休闲旅游类乡村空间特征及生态环境问题，重点研究乡村 GI 布局模式与方法，提出新方法、新技术、新指标，并通过规划政策与指标具体落实。以解决现状问题为导向，协同保护休闲旅游类乡村的区域生态环境，减少浪费与污染，优化资源配置，提高服务水平，美化乡村环境，最终实现当地乡村休闲旅游的生态与可持续发展。

在开展本项纵向研究的同时，本团队同时开展的实证研究包含旬邑县城乡发展一体化战略规划、秦汉新城村庄布局规划、秦汉新城59个村的乡村建设规划。在规划实践中，本研究提出的各层面的GI规划布局方法、指标与休闲旅游化建设策略也在实例运用中也较为合理。能有效指导乡村旅游与区域环境协同、旅游类乡村潜力分析、区域绿道与城乡绿道选线与建设、区域旅游线路的选择、乡村休闲旅游化策略等。

国家公园旅游影响监测体系研究

——以张家界国家森林公园为例

项目主持人：中山大学　王昭国

项目批准号：18TACG020
资助金额：3 万元
起止日期：2018 年 4 月—2019 年 4 月

一、研究背景

自国家公园的理念提出以来，国家公园即受到世界各国和地区保护界的推崇，已成为最主要的保护地模式，国家公园的理念和模式在世界各国也得到迅速发展。与此同时，国内已开展的各类试点和研究表明，国家公园制度能够有效破解自然资源管理的混乱局面，是提高我国保护地管理效率的良药。因此，中共中央办公厅、国务院办公厅在 2017 年印发了《建立国家公园体制总体方案》（以下简称《总体方案》）。

国家公园的可持续发展离不开科学的保护管理。《总体方案》要求“建立完善监测指标体系和技术体系，定期对国家公园开展监测”，进一步推动了国家公园的具体实施。监测已成为国家公园保护管理的基础和重要任务，能够为自然资源的保护状况、受威胁程度以及管理成效的评估提供信息，是科学管理国家公园的关键。

近 30 年来中国旅游业发展对自然保护地生态环境的影响日渐显露。特别是我国生态文明建设与国家公园体制试点中，科学认识旅游发展所带来复杂影响，对于国家公园等保护地的生态保护与可持续发展具有重要意义（Hammitt et al.，2018）。因此，旅游影响监测是国家公园保护管理与可持续发展的重要手段与保障。特别是，综合、有效的旅游影响监测框架能够为国家公园的保护管理提供理论与方法指导。

二、研究方法

国家公园的旅游影响监测研究是一项复杂的系统性工作，既需要借鉴已有的研究与案例，也需要结合我国国家公园建设的实际需求。因此，本项目主要采取文献与案例分析以及实地调研两种研究方法。

（一）文献与案例分析

通过广泛查阅国内外国家公园保护管理与旅游影响监测的文献、专著、报告等资料，结合中国国家公园建设试点的分析、专家咨询等方法，收集并整理资料，归纳总结国家公园旅游影响监测的内容与方法，提出中国国家公园旅游影响监测的体系框架。

（二）实地调研

实地调研是实证研究的重要方法，本项目运用包括田野调查、访谈调查、问卷调查在内的综合社会调查方法。通过田野调查、访谈调查、问卷调查，可以获得国家公园的第一手资料，包括自然生态环境、社区社会文化经济、居民感知与游客体验等信息。

三、研究内容与结论

（一）境外国家公园的旅游影响研究

旅游影响极为复杂，涉及社会文化—经济—生态环境三个方面（邹统钎等，2008）。国家公园等自然保护地是重要的旅游吸引物，是满足人们对于休闲需求的重要旅游目的地。因此，旅游已成为国家公园发展的重要内容和选择，并对国家公园本身及周边社区产生综合影响（Drews，1995）。

监测是识别与调控旅游影响的关键，完善的监测是国家公园保护管理的基础（Stem et al.，2010）。我国正处于国家公园建设与试点的关键时期，境外国家公园已有的旅游影响与监测研究能够为我国的国家公园旅游影响调控与监测提供借鉴。随着人们对自然区域娱乐和旅游的需求不断增长，境外国家公园的管理者意识到建立和实施旅游影响监测的必要性和重要性（Hadwen，2008），学者们也从不同学科视角展开研究。国家公园的旅游影响与监测研究集中在生态环境、社区发展、游客体验与管理等方面。总体上，境外的研究可以概括为以下几点。

（1）旅游影响研究的原则与目标相同，即实现公园的可持续旅游发展，并成为国家公园等保护地的保护管理目标。研究普遍认同，明确的保护管理目标是公园旅游影响监测的基础。

（2）旅游影响研究具有集中性，以游憩生态学为主。Buckley 和 Eagles 是最具代表的研究者，提出了旅游影响监测的原则与方法；欧美地区是境外国家公园保护管理与监测工作的主要区域。

（3）旅游社会经济文化影响的研究以游客体验为主。游客管理是国家公园保护的重要内容，游客利用与影响监测是境外国家公园管理的主要工作之一，并提出了专门的监测方案，以减少游客所带来的负面影响。现有的游客管理主要依据保证旅游体验的游客容量来确定，对周边社区的关注较少。

（4）国家公园的旅游影响监测需要利益相关者的合作。规范的游客行为、积极的社区参与、专业高效的公园管理是国家公园可持续旅游发展的保障。管理者、专家、游客、居民的意见在国家公园旅游影响监测中都不可或缺。

（5）旅游影响与监测研究的深度不足。旅游影响具有复杂性，但旅游对国家公园的影响研究以描述分析为主，影响程度和作用机制的研究较少。通过明确公园的监测目标和对象，建立旅游影响的概念框架，可以提出针对性的监测与保护管理措施，从而促进公园的可持续发展。

综上所述，对于国家公园管理者来说，系统开展包括社会文化、自然生态、经济发展等在内的综合监测，有助于理解旅游发展所带来的影响，指导保护地可持续旅游发展的实现。在现实中，国家公园的旅游影响监测需要结合自然科学指导下的生态环境监测和社会科学指导下的社会监测。

除研究外，以美国、大自然协会等为代表的国家、国际组织等力量在国家公园可持续保护与发展中进行了实践。这些经验对于指导我国的国家公园建设，调控旅游影响具有很好的借鉴意义。但需要注意的是，由于监测需要大量的保护资源投入与支持，除关键生态系统、物种、气候变化的科研监测外，常规的旅游影响监测的实施面临诸多限制。考虑到旅游影响监测实施的可持续性，充分利用国家公园已有的科研监测基础，鼓励多方参与，建立高效的监测机制，是旅游影响监测成功的关键。

需要注意的是，中国国家公园具有其特殊性，我国国家公园的类型丰富，利益相关者众多，既需要考虑公园的生态环境保护，也要考虑周边社区的发展。只有平衡公园保护与社区发展的关系，才能实现公园的可持续保护，而旅游发展是其中最为主要

的途径。因此，中国国家公园的建设更需要开展综合、全面的旅游影响监测，旅游影响监测应成为国家公园保护管理与监测的主要内容。

（二）国家公园旅游影响监测框架

1. 主要旅游影响管理框架与监测

自 20 世纪 70 年代以来，承载力便成为保护地旅游管理的主要技术方法。研究者和管理者利用定性与定量方法，为保护地制定各种复杂的规划和管理框架，设置可接受变化的标准或范围。基于承载力构建的保护管理框架包括可接受的变化（Limits of Acceptable Change，LAC）、游客影响管理（Visitor Impact Management，VIM）、游客体验资源保护（Visitor Experience and Resource Protection，VERP）、游客活动管理计划（Visitor Activity Management Plan，VAMP）、游憩机会序列（Recreation Opportunity Sequence，ROS）、旅游优化管理模型（Tourism Optimization Management Model，TOMM）等（Nilson &Tayler，1998；Rome，1999；Eagles et al.，2002）。

总体上，常用的监测管理框架可以分为三类：（1）以问题导向为主的 LAC/VIM，具有明确的管理目标，针对具体问题进行监测，考虑的因素范围狭窄，更强调应选择适当的指标和标准进行监测；（2）VERP/VAMP 以保护管理目标的综合为基础，在宏观层面上广泛考虑影响规划和管理的因素，从而制定相应的监测指标和标准；（3）ROS 则通过提出一套包括 7 种因素的指标和标准，来记录游憩机会的供需，从而帮助长期监测、识别旅游影响以及有效管理措施。各个框架有其优势，管理者可根据公园的实际需求，采用某一种或几种框架，制定相应的保护管理规划。

2. 中国的旅游影响监测实践

（1）中国自然保护地的管理主要由林业部门负责，并建立了以环境容量为主要调控工具的旅游管理模式，奠定我国国家公园建设与保护管理的基础。

（2）以云南为代表的地方政府积极推动国家公园建设。云南在国家公园建设中，提出了自然保护区与国家公园巡护技术规程、自然保护区与国家公园生物多样性监测技术规程、高黎贡山国家公园生态旅游景区管理建设规范、国家公园管理评估等地方推荐性标准，为国家公园旅游影响监测提供了借鉴与标准。

（3）以武夷山为代表的国家公园建设试点，强调分区的保护管理与旅游开发，并依托原有的监测体系，开展以生态保护为主要内容、以定性评估为主要监测方法的旅游影响监测。

3. 中国国家公园的旅游影响监测框架

国家公园旅游影响监测的关键在于以保护管理目标为指导，确定保护管理对象，建立旅游影响的概念框架，识别各类影响因素及其作用机制，从而提出针对性的管理措施，避免过度投入。总体上，中国国家公园旅游影响监测框架可以概括为以下步骤（见图 1）。

（1）明确公园保护管理目标，识别保护管理与监测对象；（2）构建旅游影响的概念模型与评价矩阵；（3）开展公园旅游生态环境监测；（4）开展社区发展与游客管理监测；（5）完善旅游影响监测实施与运行机制；（6）开展旅游影响评估，制定合理的调控策略。

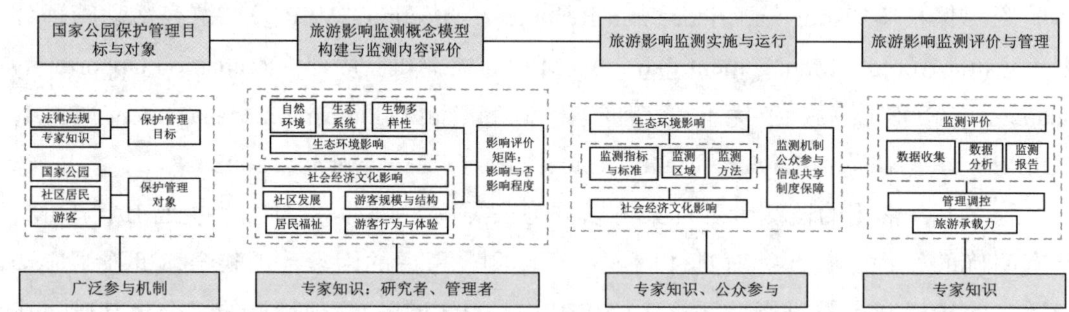

图 1　国家公园旅游影响监测体系框架

（三）张家界国家森林公园的旅游影响监测评价

基于张家界国家森林公园相关规划与保护管理体系的分析，可知张家界国家森林公园的保护管理目标是，保护张家界的遗产价值，提高公园管理水平，实现公园可持续发展。张家界的旅游影响监测与管理应由游客数量控制向旅游的环境影响变化转变，从而实现公园的可持续保护与利用。

张家界国家森林公园的监测需要更多的投入。目前张家界公园以景区管理为主，科研监测工作没有得到较好开展，而且旅游影响既包括公园，也影响景区周边社区。因此，需要区政府、管理部门、居民及游客等的共同协作。因此，张家界国家森林公园的旅游影响监测需根据保护管理目标，通过构建旅游影响的概念框架来明确监测内容，并选择合适的监测指标、方法，建立包括法律保障、制度保障和机制保障在内的综合保障机制。

四、创新之处

中国正处在国家公园建设的关键时期，国家公园的可持续保护与利用至关重要。如何克服原有保护管理的缺陷，改变以传统的游客人数控制为主要调控手段的公园保护管理模式，关乎我国国家公园的生态环境保护与可持续发展。

本研究的创新之处在于，认识到旅游发展对国家公园影响的复杂性，并将旅游影响作为国家公园保护管理的重要内容，构建了综合的旅游影响监测框架，从而提高保护管理工作的效率。研究通过对国内外国家公园旅游影响研究与工作的对比分析，结合实地分析，为张家界国家森林公园的旅游影响监测的实施提出了可行的实施框架。

五、应用价值

张家界国家森林公园是中国第一处国家森林公园，旅游发展已成为公园的主要利用方式，受到旅游发展的长期、综合影响，公园的保护管理面临巨大压力。旅游影响监测可以帮助管理者掌握旅游对公园的影响，为公园的保护管理提供决策依据。

本项目结合国内外的旅游影响研究，以及公园的保护管理需求，提出相应的改进方案，为公园的可持续旅游发展提供了指导，具有较强的社会经济价值。

责任编辑：刘志龙
责任印制：闫立中
封面设计：中文天地

图书在版编目（CIP）数据

旅游科研立项成果汇编. 2017-2018 / 中国旅游研究院编. -- 北京 : 中国旅游出版社, 2019.12
ISBN 978-7-5032-6419-1

Ⅰ. ①旅… Ⅱ. ①中… Ⅲ. ①旅游业－科研项目－成果－汇编－中国－2017-2018 Ⅳ. ①F592

中国版本图书馆CIP数据核字（2019）第284907号

书　　名：旅游科研立项成果汇编（2017—2018）

作　　者：中国旅游研究院　编
出版发行：中国旅游出版社
（北京建国门内大街甲9号　邮编：100005）
http://www.cttp.net.cn　E-mail:cttp@mct.gov.cn
营销中心电话：010-85166536
排　　版：北京旅教文化传播有限公司
经　　销：全国各地新华书店
印　　刷：北京明恒达印务有限公司
版　　次：2019年12月第1版　2019年12月第1次印刷
开　　本：787毫米×1092毫米　1/16
印　　张：13.5
字　　数：243千
定　　价：56.00元
ISBN　978-7-5032-6419-1